U0674941

中国人民大学国学院国学与管理丛书

总主编 ◎ 黄朴民 杨先举

品三国学管理

【张学信 ◎ 著】

东北财经大学出版社
Dongbei University of Finance & Economics Press

大连

图书在版编目（CIP）数据

品三国　学管理／张学信著．—大连：东北财经大学出版社，2011.1

（中国人民大学国学院国学与管理丛书）

ISBN 978 - 7 - 5654 - 0152 - 7

Ⅰ. 品… Ⅱ. 张… Ⅲ. 三国演义 - 应用 - 管理学 Ⅳ. C93

中国版本图书馆 CIP 数据核字（2010）第 204878 号

东北财经大学出版社出版

（大连市黑石礁尖山街 217 号　邮政编码　116025）

教学支持：(0411) 84710309

营 销 部：(0411) 84710711

总 编 室：(0411) 84710523

网　　址：http://www.dufep.cn

读者信箱：dufep@dufe.edu.cn

大连图腾彩色印刷有限公司印刷　　东北财经大学出版社发行

幅面尺寸：170mm×240mm　　字数：192 千字　　印张：13　　插页：1

2011 年 1 月第 1 版　　　　　　　　2011 年 1 月第 1 次印刷

责任编辑：孙 平　赵晓冬　　　　　责任校对：毛 杰　那 欣

封面设计：赵 聪　　　　　　　　　版式设计：钟福建

ISBN 978 - 7 - 5654 - 0152 - 7

定价：28.00 元

目　录

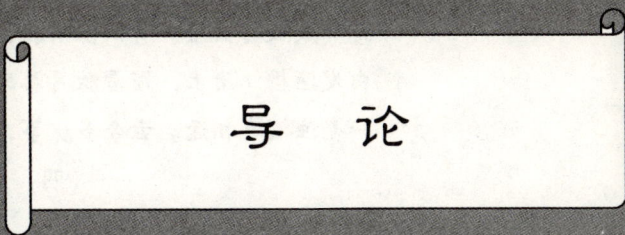

导　论

滚滚长江东入海，狂涛炼就英雄。

乾坤旋转雾霾空：青山无限美，霞彩漫天红。

浩然正气今犹在，天地沐浴和风。

民安国富古今通：烟云苦雨过，真爱布寰中。

———《临江仙·夜读〈三国演义〉有感》

（仿（明）杨慎《〈三国演义〉卷首词》，反其意而用之）

滚滚长江东逝水，浪花淘尽英雄。

是非成败转头空。青山依旧在，几度夕阳红。

白发渔樵江渚上，惯看秋月春风。

一壶浊酒喜相逢。古今多少事，都付笑谈中。

———（明）杨慎《〈三国演义〉卷首词》

一 关于"三国"

　　"三国"是中国历史上一个重要时期，是中国东汉由统一走向分裂之后，又由分裂走向统一的过渡时期。自秦始皇统一六国，结束了西周以来诸侯割据的局面，建立了汉族的统一国家——秦朝，使中国进入了中央集权的统一国家，这是中国古代历史上的一大进步。

　　秦始皇的重要贡献是建立了中央集权制度。实行全国统一的郡县制；"书同文"，"车同轨"，"行同伦"，统一度量衡；确定土地个人私有制度，崇尚法律等。这些制度，符合当时社会的需要，有利于国家的统一。后来延续两千年之久的封建体制，基本上是秦制的逐步演变的结果。

但是，秦始皇也做了许多民不堪命的坏事：包括焚书坑儒；大兴土木，建宫室，造坟墓；修筑万里长城等。徭役繁重，民不聊生。加上秦二世胡亥的昏庸残暴，激发了农民大起义，使秦朝仅仅维持了两代，15 年，成为短促的朝代。

项羽、刘邦是起义军中逐渐强大起来的两支力量：他们合力，于公元前206 年推翻了秦王朝，开始了史上有名的楚（项籍，西楚霸王）汉（刘邦，汉中王）相争，于前202 年，项籍败死，刘邦统一了中国，开创了历史上著名的汉朝。汉制是秦制的发展，使中央集权制得以巩固。经过西汉、东汉，健全法制，发展经济，扩展疆土，最后由鼎盛又走向衰落，前后历时400 年。

东汉后期，由于朝廷外戚专权，政治腐败，民不聊生，加上天灾频发，终于于公元184 年爆发了全国性的农民大起义——黄巾起义。京师震动，天下大乱。不到一年，黄巾军被各州郡的豪强镇压而失败，此后便开始了各路诸侯称霸混战，相互兼并，形成了曹魏、蜀汉、孙吴三国分立的局面，这就是"三国时期"，这是一个天下由分裂走向统一的过渡时期。魏、蜀、吴三国都平定了内部各族，恢复了中央集权的制度，为全国的最后统一打下了基础，所以它是一个过渡时期。从汉献帝初平元年（公元190 年）曹操募兵讨伐挟持汉献帝的董卓始，到公元264 年魏灭蜀，公元280 年晋灭吴，三国统一归晋止，前后90 年间，就是人们所称的"三国时期"（史书划分"三国"是公元220 年（三国鼎立）——公元280 年（吴国灭亡）；《三国演义》小说记载的是东汉灵帝中平元年（公元184 年）黄巾起义始，到晋灭吴（公元280 年），全国统一归晋止，将近百年的历史）。本小书"品三国"，主要指《三国演义》所描述的魏、蜀、吴三国期间所发生的故事。

三国是一个群雄争霸的社会转型时期。在政治上，分裂和统一成了这个时代的主题。由于各方实力处于战略均势，出现了三国鼎立，但时间是短暂的。广大人民渴望结束战乱，恢复安定。在秦汉以来四百年统一的影响下，国家统一是人心所向，大势所趋。魏、蜀、吴三方都以建立统一王朝为最终目标，三国都企图由自己来实现中国的统一。实现统一的主要手段是武力征服与扩张，用战争解决问题。所以，三国的历史，也是三国军争的历史。最终由于北方已获安定，经济逐渐复苏，魏国的经济、军事等综合实力占据优势，因此北魏灭亡了蜀国，开始了中国的统一进程。

三国也是激烈竞争、人才辈出的历史时期。三国各方的全面竞争，归根结底是各方人才之争。由于群雄并起，各种人才脱颖而出，君在择臣，臣也在择君。出现"人才莫盛于三国"（清代史家赵翼语）的景象。曹操、刘备、孙权都由于自身杰出的才干一跃成为群贤的领袖。各路人才斗智斗勇，以军事斗争为中心，演出了丰富多彩的历史话剧，展现了治国、治军的高超智慧。所以，三国时期，也是用兵计谋、治国方略争奇斗艳，思想流派异常活跃的时期。特殊的历史环境，特殊的风云人物，栩栩如生的战争场面，纵横捭阖的谋略智慧，使得三国兴亡的历史成为留给后人的经验宝库，长期以来在国内外产生了广泛的影响。政界、军界、商界、企业界的人士，纷纷从中汲取所需要的智慧和营养。

二 关于《三国演义》

（一）关于《三国演义》及其作者

《三国演义》，又称《三国志通俗演义》、《三国志演义》等，是一部以描述三国故事为内容的长篇历史小说，被誉为中国古典文学四大名著之一，数百年来为中国人民所喜爱，几乎是家喻户晓，妇孺皆知，影响深远，趣味无穷。

《三国演义》描述的历史故事，从东汉灵帝中平元年（公元 184 年）黄巾起义始，天下大乱，形成了魏、蜀、吴三国；到晋武帝太康元年（公元280年）晋灭了吴国，全国又归于统一为止，历时将近一个世纪。晋代史学家陈寿所著《三国志》记录了这段历史，被称为正史；后来南朝人裴松之为该书作了详细的注释，增加了丰富的背景素材。东晋习凿齿所著的《汉晋春秋》也记载了部分三国的故事。这些三国故事是《三国演义》赖以成书的基本素材。

远在《三国演义》成书之前，三国故事已在民间流传。唐代文籍已有记载。宋代出现了专门演说三国故事的民间艺人。到元代有了《全相三国志平话》刊行。天才博学的文学家罗贯中以丰富的民间文学为基础，根据正史，吸收部分野史和民间传说，在此基础上，加上自己的高度想象和艺术构思，写作了小说《三国志通俗演义》。到清朝初年，又经过毛宗岗的加工修订，成为我们现在看到的《三国演义》。明代高儒在《百川书志》中说：《三国演义》是"据正史，采小说"。清代章学诚在《丙辰札记》中说："唯《三国演义》则七分实事，三分虚构，以致观者往往为所惑乱。"

罗贯中是《三国演义》最后成书的作者。罗贯中的生平，官修的史书中不见记载。在一些零碎的史料中，可以了解大致情况。罗贯中，是太原人（也有人说他是东原人、庐陵人、钱塘人等），姓罗名本，字贯中，别号"湖海散人"。生于元末，死于明初，大约生活在公元1330年到公元1400年间。

《三国演义》是罗贯中的传世之作，小说体现出作者本人的学识渊博精深，他精通军事学、心理学、智谋学、公关学、人才学……具有经天纬地之才干，体现了作者主张国家统一、热爱中华民族、弘扬传统美德、鞭挞奸诈邪恶的忧国忧民的情怀。《三国演义》的语言简洁明快而又形象生动。它把历史和文学自然结合，有现实的描绘，哲理的透析，又充满了浪漫、传奇的色彩，所以为人们所喜爱。

罗贯中是中国文学史上一位有特殊贡献的作家。他所写的小说很多，都是以乱世为题材，除《三国演义》外，相传还有《隋唐志传》、《残唐五代史演义传》和《三逐平妖传》等著作。罗贯中经历了元末的社会大动乱，目睹严酷的现实纷争，对人民苦难深重的生活处境比较了解，对他们的理想追求也有所认识和同情。他从社会的、文学的需要出发，对几种在民间影响较大的话本小说，进行了搜集、整理、充实等扎实的工作。罗贯中的作品，尤其是《三国演义》的出现，标志着我国古代小说从"话本"阶段向长篇章回体过渡的完成，揭开了我国小说发展历史崭新的一页。

（二）评说《三国演义》

《三国演义》全书 120 回，近 70 万字，以白话文间用文言文的形式，把魏、蜀、吴三国联合与抗争的故事描述得淋漓尽致，惟妙惟肖。大小上百次战斗，无简单的雷同。其中对袁曹官渡之战、孙刘与曹的赤壁之战、吴蜀彝陵之战、蜀魏荆襄之战等几个战役，描写得十分精彩。特别是主观指导正确、后发制人、以弱胜强的著名战役，不仅有针锋相对的军事抗争，而且融合政治、军事、外交、经济等于一体，充分展现了战争的指导者、指挥者的深谋远虑、大智大勇、纵横捭阖、叱咤风云的英雄气质，描写得十分成功。

有很多人写诗词描述三国往事，歌颂英雄人物，总结历史经验与教训。

如唐代杜甫作《蜀相》赞扬诸葛亮治蜀：

> 丞相祠堂何处寻，锦官城外柏森森。
>
> 映阶碧草自春色，隔叶黄鹂空好音。
>
> 三顾频烦天下计，两朝开济老臣心。
>
> 出师未捷身先死，长使英雄泪满襟。

宋人苏轼作词《念奴娇·赤壁怀古》，歌颂东吴名将周瑜：

> 大江东去，浪淘尽，千古风流人物。
>
> 故垒西边，人道是，三国周郎赤壁。
>
> 乱石穿空，惊涛拍岸，卷起千堆雪。
>
> 江山如画，一时多少豪杰！
>
> 遥想公瑾当年，小乔初嫁了，雄姿英发。
>
> 羽扇纶巾，谈笑间，樯橹灰飞烟灭。
>
> 故国神游，多情应笑我，早生华发。
>
> 人生如梦，一尊还酹江月。

南宋辛弃疾作词《南乡子·登京口北固亭有怀》，歌颂三国英雄：

> 何处望神州？满眼风光北固楼。
>
> 千古兴亡多少事？悠悠，不尽长江滚滚流。
>
> 年少万兜鍪，坐断东南战未休。
>
> 天下英雄谁敌手？曹刘。生子当如孙仲谋。

现代的学者顾毓秀作《满江红·长江赤壁（上阕）》，歌颂诸葛亮：

　　滚滚长江，浪淘尽，英雄豪杰。

　　叹蜀相，鞠躬尽瘁，出师未捷。

　　借箭东风烧赤壁，抚琴天水悲明月。

　　至今留，两表见忠贞，空心血。

　　我国的京剧中，有关《三国演义》的戏很多。据《京剧剧目初探》所载，属于《三国演义》故事的剧目有139则之多。著名的有《借东风》、《甘露寺》、《空城计》等。有评书《三国演义》，有电视剧《三国演义》等。说明《三国演义》的社会影响很广。三国的故事已经融入人们的生活。

　　在这部书里，政治家的权谋，军事家的韬略，名人的功过，国家的成败，都能给人留下难忘的记忆。难怪人们以史为鉴，俨然把《三国演义》当成了一本教科书。弱者从弱转化为强中看到了勇气而振作，强者从英雄的成败中看己之短长。谋事者从中寻找晋身之途，得意者从中汲取覆辙之鉴，统治者曾用它来愚弄人民；人民以史为鉴，用它来褒贬当权者。可谓是仁者见仁，智者见智，千秋赏鉴，品评不已。有人说，读《三国演义》，如入名山，谁也不会空手而返的。

　　《三国演义》中的历史事件和人物，大都是真实的。黄巾起义、董卓之乱、官渡之战、赤壁之战等等，在历史上，真有其事。汉末天下大乱，群雄并起，董卓、曹操、袁绍、刘表、刘备、孙权以及关羽、张飞、诸葛亮、周瑜、司马懿等等，在历史上，也确有其人。这就是"七分实事"。历史小说的创作，原则上要符合历史，不可随意杜撰或捏造。否则，就不是历史小说了。但另一方面，《三国演义》又不等同于三国历史，它毕竟是一部小说。所以，其中也有不少内容和情节是根据艺术的需要而作的虚构与夸张。有些虚构与夸张是合乎逻辑的；有些不合逻辑甚至是违背科学的描述则是不足取的。即使是对历史人物如刘备、曹操、诸葛亮、关羽和张飞等的描述，也不是从史书《三国志》里照搬到《三国演义》中来。而是作者依据尊刘贬曹的正统思想给予加工改造的。有的加以美化、神化，有的加以丑化、贬斥。《三国演义》中的这些人物，已是艺术的典型。这就是"三分虚构"。

　　《三国演义》塑造了一大群鲜明生动，有生命力的人物形象。这是一部艺术性很高的作品。但它也有种种不足。如否定农民起义的错误立场，宣扬封建正统的忠君愚昧意识，天命的英雄史观，严重的重刘抑曹倾向，也有如鲁迅先生所说"状诸葛亮之多智而近妖"的夸张，以及有些封建迷信情节等。这都是应该进行批判性审视和扬弃的糟粕。然而瑕不掩瑜，它毕竟是一部伟大的文学名著，罗贯中也因此获得了在中国文学史上的重要地位。

之 《三国演义》与管理

（一）《三国演义》内含管理知识

这是我们要讨论的重点。《三国演义》内含管理思想，时代发展了，但管理的哲理是古今相通的，这是我们从三国故事中学管理的可能性；这些古代的管理智慧可以借鉴、为今所用，这是我们从三国故事中学管理的必要性。

《三国演义》描述的是历史故事，历史是人类社会的发展过程，是人们社会实践的真实记录。人们的实践活动离不开管理。凡是两人及两人以上的活动，就会出现意见相左，就会产生矛盾，因此需要沟通思想、疏通情感、协调行动，这就是管理。管理有很多类别：有行政的、军事的、经济的、社会的管理等。如果说《三国演义》有七分真实可言，其中必有管理。

从企业管理角度而言，按照现代人的认识，说说管理的内涵。

管理学家彼得·德鲁克曾对管理下过定义，他说："管理就是界定企业的使命，并激励和组织人力资源去实现这个使命。界定使命是企业家的任务，而激励与组织人力资源是领导力的范围，二者的结合就是管理。"

法国学者法约尔，提出管理的基本职能可划分为计划、组织、指挥、协调、控制、领导等六大职能。领导，是管理的一项职能。领导活动主要是对人的领导，处理人与人的关系，这是领导活动的核心问题。领导活动的重点在于做出决策，确定奋斗目标，制定规划和相应政策，指引前进方向。因此，从领导学看管理，管理就是决策。决策正确与否关系事业的成败。

由此看来，《三国演义》中有领导决策问题，有建国治国问题，有成败兴亡问题，这就是管理的内容。《三国演义》中的管理，主要是大管理，是关于创建国家、治国、治军、治吏、律己方面的大管理。其中离不开"领导"问题，不论是国君、丞相、将军、统帅等都是现在说的"领导者"、"决策者"；离不开管理过程中的策划、计划、组织、指挥、协调、控制等职能。因此《三国演义》中的管理，与我们现代的管理活动在内涵上有相通之处。

管理活动，不论大小，还有一个共同的特征。用现代的认识是：管理是一门科学，又是一门艺术，管理是科学性与艺术性的统一。管理的科学性是指管理工作必须遵循客观规律办事。如管理的基本原则、基本职能、制度规范、道德规范，是有规律可循的。管理的艺术性，是指在实践中，要根据具体情况，随机应变地处理问题。不同的管理者的管理方法不同，这与管理者的水平有关，也与管理者所处的环境有关。从这个意义上说，管理是没有固定不变的模式的，是因领导者的聪明才智、人格魅力、灵感激情与创新能力不同而不同的。管理的科学性和艺术性的统一，领导的原则性和灵活性的统一，决定着管理的成败。管理的基本原则是刚性的、不变的，具体方法是柔性的、可变的。管理是刚与柔的统一。

现代管理学的这些原则，在古代三国的激烈争战中，在群英荟萃的思想智谋交锋中，都可以找到当初的痕迹。如"定三分隆中决策"，实施这个决策才有了蜀国的建立，进而有了三国鼎立。这说明了决策在管理中的特殊重要性。又如"战官渡本初败绩，劫乌巢孟德烧粮"，说明了领导者的智谋高低决定成败。从孙刘火烧赤壁，也可看出"计划、组织、指挥、协调、控制"等管理过程，保证了战役的成功。《三国演义》中还有着大量的治国治军、发展经济、改善民生等方面的论述，如"治国之道，务在举贤"；从严治军，赏罚严明；修耕屯田，"民安为本"；"恩威并济，欲服其心"；民族自治，"夷、汉粗安"等，这些管理论述，对我们今天管理国家、管理企业都有重要的借鉴价值。

《三国演义》描述中，有管理成功的例证，也有管理失败的例证。成是管理，败也是管理。有分有合，有乱有治，有好有坏，有喜有悲，都与管理有关，与执政做人有关。管理结果的好坏，与领导者的管理智慧、管理艺术不无关系。《三国演义》使我们吸取管理方面的知识，主要有关于为政方面、治国为民的管理知识，有关于经济方面的经营管理知识。当然，这些知识能为我们所领悟，为今天所用，主要是由于我们结合今天的实际而得来的。

（二）借他山之石以攻玉

"他山之石，可以攻玉。"我们本着上述认识，采撷《三国演义》故事的精华，体悟其哲理，借用到现实的管理中来，古为今用，这是我们的目的。

为适应现代化建设的需要，我们学习和应用国外的先进技术来发展我国的生产和经济，这一点已经成为全国的共识。在管理上是否也需要借鉴外国的管理理论和方法，改革开放之初，在认识上并不一致。1983 年，我国著名管理学家袁宝华同志针对学习外国管理经验，提出了十六字方针："以我为主，博采众长，融合提炼，自成一家。"这"以我为主"是说学习他人文化要站在自己本国的立场上，从本国、本企业的实际需要出发；这"博采众长"是说学习外国经验是全方位的，要博采古今中外之长，这是说学习的态度；"融合提炼"是说学习中不能照抄照搬，生吞活剥，要经过自己的咀嚼消化，有所取舍，吸收有用的东西，去粗取精，去伪存真，在实践中融合、提炼，这是说认真学习的过程与方法；"自成一家"是说学习的目的，经过学习研究，取其精华，去其糟粕，消化吸收古今中外的优秀文化，总结新的实践经验，形成具有自己特色的管理理论与思想，丰富和发展自己的管理科学。袁宝华同志的上述思想，对我们学习西方管理思想，学习我国优秀传统文化，都起到了积极的指导作用。

十几年后，国家提出发展管理科学的任务。1996 年时任政府总理的朱镕基同志提出"管理科学，兴国之道"，指出，"现在，确实需要强调管理科学和管理教育也是兴国之道"。我国管理科学部主任成思危同志，提出了"古为今用，洋为中用，取长补短，殊途同归"的发展管理科学的原则。而蕴藏在中国古代典籍中、古代兵书中、古典小说中的管理思想，"是一座储量丰富的知识矿藏"（袁宝华语），是中国传统文化的组成部分。学习古代管理智慧，是发展我国管理科学的重要内容。管理的原理，古今相通。尽管今天时代不同了，但管理的主体是人，管理的中心问题是如何提高效率、提高效能，管理的主要任务是调动人的主观能动性，管理的重要手段是组织与协调，是利益的分配与公平，是奖惩和激励的方法，管理的组织形式是集权、分权等。在这些基本问题上古今中外的管理理论都是相通的。古代名著中蕴涵的某些管理智慧，可以超越时空界限，对现代管理提供有益的借鉴和启示。

四　关于本书

本书的目的是通过品读《三国演义》，包括《三国志》等记叙的三国历史故事，吸取其管理智慧的精华，从历史的镜子中，反映出如何管理国家、管理企业的道理，然后再根据今天的现实，根据今天的管理理念，结合运用，以期对国家、对企业的管理获得有益的启示，把我们今天的工作做好。

毛泽东曾说：读《三国演义》这类书，能使人聪明，能对社会了解多一些，也会增强对事物的分析能力。

《三国演义》是中华民族智慧的结晶，也是我们研究古代管理智慧的一座宝库。将三国无数英雄建国、治军思想智慧，联系现实管理中的突出问题，从古为今用方面做以探讨。将学有所悟，学有所得，以随笔的方式记录下来，与人们作分享。夹叙夹议地写，这既是一种乐趣，更是一种责任。

本书包括以下五个部分：

第一是**综议篇：识时务者为俊杰**。综述三国管理的成败得失，从创业之路及做人之道方面，品评主要英雄人物的功过，揭示管理必须遵循的规律；从认识发展大势，掌握事物发展趋势上学管理，学做人。

第二是**文德篇：人在精神国在魂**。从治国的指导思想、道德观念、政策法制，以及领导者的道德修养方面学管理，学做人。

第三是**胜人篇：得人才者得天下**。天地间，人才难得。国家强，事业兴，关键在于得人才，得人心。人力资源管理是现代管理的主要内容。从借鉴古人选人、用人、育人，发挥人的积极性的智慧中学管理，学处理人际关系的智慧。

第四是**武略篇：战略决定命运**。武略与文德一样重要。分析战争与商争的异同，讨论庙算决策、伐交谈判、先知与用谋对事业成功的作用，从战略规划、谋略运筹、备而后战、固本强基等方面学管理，提高领导者的管理效能。

第五是**用奇篇：运用之妙，存乎一心**。上篇谈的是战略问题，本篇研究战术问题，研究解决问题的具体方法。与对手抗争，需要出新，出奇。从古人以奇制胜的谋略中，探讨随机制宜、出奇创新的智慧。在出奇创新中学管理，提高领导者的辩证思维能力。

本书采用一则一则文字形式写，一事一议地写。本书记录一些三国人物的典型论述、典型故事，从中探析其所蕴含的管理智慧，体悟其对现代管理和企业经营的借鉴价值。

本书在写作过程中，学习和吸收了许多他人的研究成果，就此，我们对这些成果的原拥有者表示深深谢意。

本书是我们学习历史知识、研究现代管理的一次尝试。我们的知识、写作水平有限，书中错误之处难免，欢迎专家、读者指正。

综议篇

→

识时务者为俊杰

大雨落幽燕，白浪滔天，秦皇岛外打鱼船。

一片汪洋都不见，知向谁边？

往事越千年，魏武挥鞭，东临碣石有遗篇。

萧瑟秋风今又是，换了人间。

——毛泽东《浪淘沙·北戴河》

综议，就是综合地议论《三国演义》故事中某些有关管理的事。

综述三国管理的成败得失，分析主要英雄人物的功过，揭示管理必须遵循的事物发展规律，从识势、悟道和做人等方面学管理；从掌握矛盾分析上悟道，把握规律；从修身做人上成就事业，学习管理。

一 "合久必分，分久必合"

《三国演义》全书开篇首语说："话说天下大势，分久必合，合久必分。"这是一句名言，蕴涵着深刻的哲理。管理的首要问题是认清"天下大势"。现在我们讨论这句话。

《三国演义》是这样阐述"三国"这个"天下大势"的。书中说："周末七国分争，并入于秦。及秦灭之后，楚、汉分争，又并入于汉。汉朝自高祖斩白蛇而起义，一统天下。后来光武中兴，传至献帝，遂分为三国。"（第1回）

在刘备第一次到隆中，见到崔州平，说了拜访诸葛亮的原因："方今天下大乱，四方云扰，欲见孔明，求安邦定国之策耳。"崔州平则笑，为他泼了一瓢冷水："公以定乱为主，虽是仁心，但自古以来，治乱无常。自高祖斩蛇起义，诛无道秦，是由乱而入治也；至哀、平之世二百年，太平日久，王莽篡逆，又由治而入乱；光武中兴，重整基业，复由乱而入治；至今二百年，民安已久，故干戈又复四起：此正由治入乱之时，未可猝定也。"（第37回）这也是一番论"势"。刘备因乱而思求治之策；崔州平则说：由乱转为治，并不容易，更不是一下子就能解决的。

分析形势，必看治与乱；治乱之因，必由分与合。乱则分，分促乱；合则治，治促合。因此，政权的合与分与社会的治与乱，互为因果。刘备探求的安邦定国之道，就是如何由乱到治，由分到合的历史过程。乱中求治，要靠人谋，就是靠正确的创业思路；是靠管理者的智谋、胆略和勇气。谋略问题，勇气问题，首先来自领导者对客观形势的正确认识。

（一）东汉衰三国兴之思

东汉末年，汉王朝已经败落。两汉（西汉、东汉）统治400多年，由兴盛走向了衰落。至汉末的那几个皇帝，如桓帝、灵帝、少帝、献帝等，或者皇帝昏庸，重用奸佞；或者皇帝年幼，成了傀儡，大权落在宦官、外戚手中。官吏腐败，民不聊生，天下大乱，四分五裂。人民痛苦不堪，群起造反，向往新的盛世，社会由治转为乱，国家由统一转向了分裂。这种乱和分，是对腐败政权的反抗，惩罚，是敲响了旧政权统治的丧钟。

三国就是在豪强争霸动乱混战中，逐渐形成的。对于汉朝统一的江山来说，这是分，天下三分；对魏、蜀、吴三国而言，通过他们各自改革了东汉的弊政，在各自内部由分走向了合，走向了相对的统一。因此，三国的分，是天下从分走向合的一个过渡时期。

"合久必分，分久必合"是历史发展的规律。在历史进程中，分与合在一定条件下互相转化。这里的合，是国家统一、社会安定的简称。这里的分，就是国土分裂、政权分立，是国家分裂的简称。任何的分裂、混战，百姓都是直接的受害者，战乱使他们家破人亡，背井离乡。因此，人民总是赞成国家统一、社会安定的，赞成合的；是反对军阀混战的，反对国家分裂的。尤其是两汉400年统一的影响，人们期盼安定，渴望统一，这是社会思潮的主流。

在几十年的混战中，战胜群雄的曹操、刘备、孙权，由于他们个人的卓越才能，实行了顺应民意的政策，代表了百姓期盼统一的意愿，因此逐渐强大起来，建立了三国。三国之所以兴，正是"物极必反"，乱转化为治，分转化为合，是历史趋势使然；也是曹、刘、孙，他们的政策，他们的奋斗，顺应了百姓的愿望所致。正如毛泽东读三国时所说：三国的几个政治家、军事家，对统一都有所贡献。是英雄们顺应了时势与民愿，创造了新的历史，这是三国兴的主要原因。

（二）对管理的几点启示

由上述关于"分"与"合"的认识，东汉衰与三国兴的思考，使我们想到了关于管理方面的几个道理。

1. 治国的关键在一国的领导者。有好的领导人，才会有好的政策，好的政治，好的经济，好的文化，好的政风，才有国家的强盛，才有人民的福祉。

2. 治国要有德才兼备的忠臣良将的辅佐，国家才能长治久安，社会才能和谐安定。千万不能让东汉"十常侍"之类、权臣董卓之类等，把持了国家的大权。

3. 识时务者为俊杰。三国的曹操、刘备、孙权及他们各自的辅臣如司马懿、诸葛亮、周瑜、鲁肃等，都是清醒地认清天下大势的俊杰。社会从合到分，从分到合，都是社会变革的关键时期，也是成就伟业的最佳"时势"。曹、孙、刘都是抓住"大势"顺势而为，成就了自己的事业。

4. 从东汉的衰亡，看执政之权的重要。一是执政之权，只能交给德才兼备的人，交给百姓信赖的人。二是执政的人要善于研究执政的规律，尽职尽责，为民众办好事，办有实效的事。三是严格管理、监督各级掌权者，使之忠于天职，自觉抵御权力环境的腐蚀，保证权力不改变颜色，基业才能长青。党的十七大报告，反复告诫全党："我们一定要居安思危，增强忧患意识，始终保持对马克思主义、对中国特色社会主义、对实现中华民族伟大复兴的坚定信念。"其原因也在与此。

三国时代有人以权谋私，如逆臣董卓，如十常侍弄权，如同大树生有蛀虫一样。现在，在人民执政掌权的今天，在不良风气的腐蚀之下，也出现了这种以权谋私的人，贪赃枉法的人，如成克杰、胡长清之流，违法乱纪，谋权、谋财、谋色，最后被人民押上了审判台，处以死刑。严惩腐败行为，严明党纪国法，关系党和国家的生死存亡。加强党风廉政建设，不断清除蛀虫，才能把我们的党建设好，把我们的国家建设好。

二 分久必合，三国归晋

前面较多地讨论了"合久必分"的问题，东汉衰三国兴，有历史规律性，这是问题的一个方面。下面从魏、蜀、吴三国兴而后亡，最终归于晋，天下"分久必合"，从魏、蜀、吴灭亡的教训中，看管理问题。

（一）蜀国灭亡的教训

刘备在诸葛亮的辅佐下，于章武元年（公元221年）在成都称帝，建汉国，史称蜀汉。历经两代，于炎兴元年（公元263年）魏将邓艾偷渡阴平，攻下绵竹，刘禅投降，蜀国灭亡。前后执政43年。蜀国之兴及其原因，在后面讨论刘备、诸葛亮的创业治国中，将详细加以说明。蜀国在刘备时代后期已出现败落迹象，最后毁于刘禅之手。分析蜀败的原因，主要有三点：战略问题，人才问题及后主刘禅的问题。

◆战略决策执行失当。蜀国之兴，关键在于刘备执行了诸葛亮为之策划的"隆中对"的战略决策。"隆中对"的主要内容是：曹操强大，已得天时，君不可与之争锋；孙权得地利，只可为援而不可图；将军可占人和，抓紧占荆州，进益州，建立基业，内修政理，外结好孙权，夷戎要和。与孙、曹成鼎足之势，待机以图中原。在当时，这个兴国决策基本是正确的，实行也是好的，所以才建了蜀，兴了国。但在后期，东吴索取荆州，"外交孙权"出现危机，关羽为东吴所杀，丢失荆州；刘备为义弟报仇，举倾国之兵伐吴，结果惨败，使蜀国元气大伤。荆州之失，使"北图中原"，失掉了一支臂膀。

◆后继无人。西蜀前期人才济济，文有诸葛亮、庞统、法正等，武有关张赵马黄五虎上将，文武皆为国内一流人才。诸葛亮等谢世后，蜀国的人才之花凋谢，虽有蒋琬、费祎、姜维，但他们的才气较之诸葛亮、关羽等，远不可比。明朝王夫之说："巴蜀汉中之地隘矣，其人寡，则其贤亦仅矣。"（《读通鉴论》）这是比较客观地评价。人才凋敝，后继无人，蜀焉能不败？

◆刘禅后期昏庸是关键。刘备死后，后主刘禅即位，执政41年（公元223—264年）。前30年先有诸葛亮的辅佐，后有诸葛亮培养的蒋琬、费祎等辅政；刘禅总揽朝政，基本平安；延熙十六年（公元253年）费祎被刺后，即最后十年，刘禅逐步信用宦官黄皓，沉溺于酒色，不理朝政，轻信谗言，疏远贤臣，尤其是将正在祁山作战，并已取得辉煌战果的姜维诏回。昏庸之主误国。

（二）东吴灭亡的教训

吴国，孙权占领荆州后，于黄武元年（公元222年）称帝，建立吴国，至孙皓执政的天纪四年（公元280年）被晋灭亡，历经四代君王，总共59年。其中，孙权执政30年（公元222—252年），继后其子孙亮执政7年；其子孙休执政7年；孙权之孙、孙和之子孙皓执政15年（公元264—280年），被晋灭亡。

吴据有长江天堑之险，地处江东富庶地域，上述地利优势，使吴强盛多年，孙权得以偏安一方。但是在孙权去世后的29年内，吴国逐渐走向衰落。吴之败因，主要有国家战略问题和后继之主问题。

◆战略问题。一是与蜀国的关系处理不当。三国中魏是强国，吴与蜀都难以单独与魏抗衡，只有两弱联盟才能对付曹魏。但是吴国念念不忘的是荆州问题，几次撕碎蜀吴的脆弱联盟，等于变相地削弱自己，终成祸根。二是战略保守，满足于江东一隅，不思进取。孙氏政权统治80余年，其势力范围始终处于北不逾合淝，西不过襄阳，固守在长江中下游地区。在吴与魏、蜀的关系缓和后，"吴国的兵士变成从事生产的奴隶，后来又变成私人的生产奴隶，根本不成其为军队"（范文澜：《中国通史》（第2册），276页，北京，人民出版社，1963）。

◆继承人孙皓昏庸残暴，政权内部不和。孙权的家庭很乱，宠妻间争做皇后，儿子间争做太子。影响到朝廷内部的分裂，残杀。最后一个皇帝孙皓，粗暴淫凶，"大臣及宗族几乎被他杀尽，孙权的残虐政治到孙皓时达到最高点，吴也就因此而灭亡了"（出处同上）。

（三）魏国灭亡的教训

曹操创立魏国。建安二十一年（公元 216 年）曹操进爵为魏王。建安二十五年（公元 220 年）正月，曹操病卒，曹丕嗣位为汉丞相、魏王，十月，曹丕称帝，为魏文帝，废汉献帝名号，建立魏朝，东汉亡。到公元 265 年，晋武帝司马炎用禅让方式灭魏，建立晋朝。魏朝执政前后是 46 年。

魏的天下是曹操打出来的，是曹操传位于儿子曹丕的。到曹操后期，司马懿、司马师、司马昭的"三马食槽"，统治权已逐步旁落于司马氏家族手中。

文帝曹丕（公元 220—227 年）执政 7 年，41 岁死。明帝曹睿（公元 227—240 年）执政 14 年，36 岁死。范文澜的《中国通史》记载："魏明帝临死，委托曹爽、司马懿同辅幼主曹芳。曹爽被司马懿杀死，曹氏政权转成司马氏政权。司马懿和他的儿子司马师、司马昭相继执政，用灭族的惨刑杀戮曹氏集团中人。公元 254 年，司马师废曹芳，立曹髦为魏帝。公元 260 年，司马昭杀曹髦，立曹奂为魏帝。公元 265 年，司马昭的儿子司马炎——晋武帝用禅让的方式灭魏，成立晋朝。""司马氏执政时期，曹氏集团大体被杀绝。"（范文澜：《中国通史》（第 2 册），284 页，北京，人民出版社，1963）

魏国的灭亡，表面看是元帝曹奂禅让给晋王司马炎，仿效汉献帝禅让皇位给魏王曹丕，如汉、魏故事。实际上是魏的统治权旁落于司马氏家族。自曹芳以下，权已被司马氏所垄断。直至曹奂让位，司马炎更改国名，变魏为晋。

（四）三国归晋朝

晋的天下是司马氏的。晋的开国主要靠四人：司马懿、司马师、司马昭和司马炎。前三位为最后一位立晋创造了条件。就像曹操为曹丕建魏创造了条件一样。魏的政权最后由司马炎篡夺，建立了晋朝。晋的基础实际是曹魏建立的基础，在三国中建立了强大的军事和经济实力。在三国后期，吴、蜀的继承人已使其国走向衰败，而司马炎掌握的北魏政权其势还在上升，所以司马炎先灭了蜀，进而又灭了吴，天下统一归晋。

（五）从魏、蜀、吴三国归晋，看管理

蜀、吴、魏三国政权从兴盛走向衰败，给予管理的启示是：

君主及其接班人的重要。曹、刘、孙，英雄一世，开创了各国的江山，但是他们各自的后继之主：蜀刘禅晚年的昏庸，吴孙皓当政的凶残，曹魏最后的三位皇帝年少，大权旁落，成为司马氏的傀儡。江山拱手易人，国灭家亡，是其发展的必然。解决接班人的问题，国家才能长治久安，代代相传。

领导体制问题。封建帝王的世袭制，是魏、蜀、吴三国无法解决后主年幼、权臣当政、江山易主的根本原因。变革管理的核心是变革领导体制问题。

领导者的行事作风。司马氏篡魏，与曹氏篡汉，一脉相承，手段与结果如此相似，从中可以看出领导者的行事作风对国家长治久安之重要。刘邦时代有萧（何）规曹（参）随，维持了西汉前期的稳定发展；西蜀诸葛亮的忠勤俭朴为蒋琬、费祎、姜维所传承；这是好的作风可以相传。孙权的凶残多疑为其孙孙皓所发展则吴灭；曹操的奸诈为司马氏所传承则魏亡，看来坏的作风也可以相传，并将自食其果。

三 正议曹操

三国时代是英雄辈出的时代，是识势者因势创业的时代。人们喜爱三国故事，更喜爱三国时代的创业英雄。三国时期的曹操、刘备、孙权都是当之无愧的天下英雄。他们都有称雄天下的帝王之志、帝王之才、帝王之威、帝王之术。下面从管理的角度，思索他们各自的创业之道，我们分别作以讨论。

曹操是个什么样的人，史学家已有明确的定论。最具代表性的，是陈寿在《三国志·魏书·武帝纪》的评语中说的：

汉末，天下大乱，.雄豪并起，而袁绍虎视四州，强盛莫敌。太祖（曹操）运筹演谋，鞭挞宇内，揽申、商之法术，该（具有）韩（信）、白（起）之奇策，官方授才，各因其器，矫情任算，不念旧恶，终能总御皇机，克成洪业者，惟其明略最优也，抑可谓非常之人，超世之杰矣。

裴松之在武帝本纪的注引中说，许劭对年轻的曹操作评价时说："子治世之能臣，乱世之奸雄。""奸雄"即"奸人之雄"，指以权诈手段取得大权高位的野心家。对许劭的评语，多数以许劭的评论为恰当。当时，曹操才20岁的年纪，就很有心计。许劭是善识人之品流的名家。曹操为给自己"正名"，经过许多努力，才讨得许劭对自己前程的一句评价，他听后则大笑。可见他对这个评价是满意的。当时的太尉是桥玄，见到刚举孝廉进入仕途为议郎的曹操时就说："天下将乱，非命世之才不能济也，能安之者，其在君乎！"（《三国志·魏书·武帝纪》）许劭与桥玄对曹操的评价相通：济世之才，就是真正能够挽救国家命运的英雄。

曹操其人

曹操字孟德，小字阿瞒，沛国谯（安徽亳县）人，生于汉桓帝永寿元年（公元155年），卒于汉献帝建安二十五年（公元220年），享年66岁（农历）。20岁，举孝廉为议郎。其父曹嵩，本姓夏侯氏，因为是中常侍曹腾的养子，故曹操姓曹。

曹操是位有作为的人。从小就机警，有权术，善自持，为世人称奇。他有武艺，习兵法，会打仗；有谋略，有文采，能主持政务，能主持军务；肯用人，会用人，从严治军，赏罚严明，赢得天下不少志士投归。

曹操的祖父曹腾是东汉的中常侍，父亲曹嵩是太尉，但曹操本人成长的依托背景并不突出。在董卓占据天下时，只是一个校尉。但若干年后，凭借自己的本事和努力，他的地位大变，成为三国时实力最强的一霸。

曹操的前半生，除镇压黄巾军起义之外，做了不少实事、好事。他讨伐董卓，匡扶汉室，铲除北方的大小诸侯，统一北方，是成功的政治家、军事家，还是有名的诗人。

　　政治家曹操。他是魏国之主。为讨伐董卓，回到家乡，拉起了自己的队伍；镇压黄巾起义，收编了黄巾军，建立了自己的地盘"兖州"；随后"挟天子而令诸侯"，迎汉献帝（刘协）于许都，得以把持朝政，匡扶汉室，统一了中国北方；采取了抑制豪强的政策，重视农业，推行屯田，鼓励开荒，恢复了被战乱破坏的北方经济；招募人才，实行法治，改革东汉的弊政，治理中国北方。曹操位至丞相、大将军，封魏王。曹丕称帝后，追其父曹操为魏武帝。

　　军事家曹操。曹操善于打仗。善谋略，用奇策，收服黄巾军，建立自己的军队和根据地。与实力强大的袁绍作战，以弱胜强，取得官渡之战的胜利。赤壁战败后，吸取教训，亲征乌桓，三下江东，四出汉中，巩固了北方政权。熟读兵书，研究兵法，修订《孙子兵法》，是历史上为《孙子兵法》作注的第一人。

　　诗人曹操。曹操有文采，是魏曹氏三大诗人（曹操、曹丕、曹植）之一。写有《短歌行》、《蒿里行》、《苦寒行》、《龟虽寿》等有名的诗篇。曹操的诗里，紧扣他的经历，反映他的时代，同情苦难，鞭挞黑暗，充满"忧世不治"的情怀和"壮心不已"的进取精神。曹操还写了大量的散文，苍劲挺拔，独具一格，被鲁迅誉为"改造文章的祖师"（鲁迅：《魏晋风度及文章与药及酒之关系》）。

　　曹操的负面也十分突出。《三国演义》提倡尊刘抑曹则不足取，但把曹操描绘成"奸绝"则是有一些道理的。清毛宗岗说《三国演义》有"三绝"：诸葛亮的智绝、关羽的义绝、曹操的奸绝。曹操小的时候就机警，多权术。把持朝政，用政治权术，对人奸诈无比，甚至无道德可言。在曹操的多面性格中，坦诚与奸诈并存。奸诈、残忍，杀人太多。"宁教我负天下人，休教天下人负我！"封建帝王的淫威突出。当司马氏篡了北魏的政权后，对曹氏集团中人，几乎杀绝，可能也是曹操一生奸诈的回报。

　　纵观曹操，从正反两方面看，他有文采，有谋略，"其明略最优"（陈寿语）。有治国才华，有军事才华，改革东汉弊政，统一中国北方，功绩是不可磨灭的。确是"非常之人，超世之杰"。曹操的奸诈行为可恶，虽然表现突出，但还不足以覆盖其正面贡献。若对曹操的功过作一番比较的话，其"能臣"一面是主要的，"奸雄"一面是次要的。站在促进统一，推动社会进步的立场评价曹操，鲁迅、郭沫若主张为曹操的"奸雄"平反是有一定道理的。鲁迅先生 1927 年 7 月在广州夏期学术演讲会上，作了一篇题为《魏晋风度及文章与药及酒之关系》的演讲，对曹操的功绩作了中肯评价，说："其实，曹操是一个很有本事的人，至少是一个英雄，我虽不是曹操一党，但无论如何，总是非常佩服他。"

四 识刘备之忠义

刘备是三国中另一位英雄。也是一位白手起家的创业英雄。

刘备，字玄德，涿郡涿县人，汉景帝子中山靖王（刘）胜之后。蜀国之君，生于汉延熹四年（公元 161 年），卒于蜀汉章武三年（公元 223 年），终年 63 岁（农历）。

因家境衰落，到刘备这一代，已是家境贫寒。父早死，与寡母靠编席贩履，苦度光阴，但其志不减。小的时候，与宗族中诸小孩在树下玩耍，他指着一棵大桑树说："吾必当乘此羽葆盖车。"意思是"我为天子，当乘此车盖"。15 岁，母亲送他到同郡卢植处学习儒家经典。"少言语，善下人，喜怒不形于色，好结交豪侠，年少争附之。"（《三国志·蜀书·先主传》）

灵帝末年，黄巾起义，天下大乱。州郡各举义兵。刘备（24 岁）有勇武，借机聚众，揭竿而起。讨黄巾有功被授为安喜县尉，进入仕途。后参加讨伐董卓有功，为高堂县令、平原令、平原相等。在争战中不屈不挠，直到发展壮大，建立蜀汉政权。

识刘备的创业有三：自强不息，善于识人用人，坚持以仁治天下。

（一）自强不息，善于识人用人

刘备一生颠沛流离，受过不少挫折和打击。在他的前半生中，没有自己的地盘，常常寄人篱下。先后投靠过陶谦、公孙瓒、曹操、袁绍、刘表等人。打了不少的败仗，但屡败屡战，聚集了忠心耿耿的核心骨干，武有关、张，文有孙乾、糜竺等，形成了忠义诚信的团队精神，积累了创业经验。善败者不亡。刘备的成功，就是他自强不息，不屈不挠，锐意进取的结果。直到有了诸葛亮的加盟，明确了敌我友的正确方向，进而抗曹操，和孙权，占荆州，取益州，成为三国中的一霸。

孟子说："天时不如地利，地利不如人和。"与曹操占天时、孙权占地利相比，刘备的优势在于人和。实现人和的基础，是他善于识人用人。

刘备自幼善结豪侠，桃园之宴，刘备与关、张结义为异姓兄弟，誓同生死；（第1回）在公孙瓒处，与赵云相见，便有不舍之心，"执手垂泪，不忍相离"。（第7回）单福（徐庶）行歌于市，玄德待为上宾；经过交谈，玄德乃拜单福为军师，遂有袭樊城之胜。（第35回）

刘备最后的成功，在很大程度上得益于诸葛亮的出山相助。刘备年长诸葛亮20岁，经由几位伯乐的引荐，刘备思贤若渴，不惜屈尊枉驾，三顾茅庐，终于感动孔明出山。诸葛亮是当时的天下奇才，刘备得孔明如鱼得水，言听计从，拜孔明为军师。刘备率军进西川，则把荆州交付给诸葛亮治理；刘备随法正进兵汉中，则把益州交给诸葛亮；刘备临终托孤，把后主刘禅和江山托付于诸葛亮。诸葛亮尽毕生之力，帮刘备打天下，取荆州，夺益州，南征北战，鞠躬尽瘁，死而后已。刘备与诸葛亮的鱼水情深，成千古佳话。

搞管理，就要像刘备一样，善识人，善交人，善用人。

（二）识刘备以仁治天下

儒家主张效法尧舜，行仁政。刘备青年时随卢植学习儒家经典，继承儒家思想，崇尚仁义，主张以仁治天下。他与庞统议论进川时说："今与我水火相敌者，曹操也。操以急，吾以宽；操以暴，吾以仁；操以谲，吾以忠；每

与操相反，事乃可成。若以小利而失信义于天下，吾不忍也。"（第60回）

刘备对己信守忠义。刘备到隆中，对诸葛亮说："汉室倾颓，奸臣窃命，备不量力，欲伸大义于天下。"以兴复汉室为己任，可见刘备忠于汉室之心。"玄德事母至孝。"刘备在临终遗嘱中教育刘禅："唯贤唯德，可以服人"，"勿以恶小而为之，勿以善小而不为"。（第85回）当绵竹失陷后，刘备的孙子刘谌对其父后主刘禅的投降极为愤慨，以自杀表示抗议。（第118回）

刘备对朋友讲仁义。曹操攻打陶谦，刘备向公孙瓒借兵相救，并作保证说："圣人云：'自古皆有死，人无信不立。'刘备借得军、或借不得军，必然亲至。"（第11回）关羽死，刘备、张飞誓为关羽报仇，甚至不惜举倾国之兵伐吴，践行同生共死的诺言，这是讲信义。当然讲义也有大小之分，关系国家社稷利益的是大义，个人、朋友的利益与国家利益相比，总归是小义。舍大就小，舍公为私，就是不义。刘备为关羽报仇，忘记兴复汉室的战略目标，怒而兴师，自然也付出了惨重的代价。正是"小不忍而乱大谋"，几乎断送了蜀汉江山，可谓意气用事。这也是刘备仗义勇为的局限性所在。

刘备对百姓施仁义。曹军南下，刘备寡不敌众，从樊城撤军赴襄阳。撤军前，就告示百姓："今曹兵将至，孤城不可久守，百姓愿随者，便可过江。"刘备携民渡江，行动迟缓，曹军追赶甚急。有人劝刘备："不如暂弃百姓，先行为上。"刘备不肯，说："举大事者必以人为本。今人归我，奈何弃之？"（第41回）刘备进成都，益州既定，玄德欲将成都有名田宅，分赐诸官。赵云谏曰："益州人民，屡遭兵火，田宅皆空；今当归还百姓，令安居复业，民心方服；不宜夺之为私赏也。"玄德大喜，从其言，使诸葛军师定拟治国条例。（第65回）

刘备以仁义治天下的思想，在诸葛亮治蜀时期，得到切实地贯彻与实施。

五 孙权成事在用人、识人

孙权，字仲谋，其父孙坚，吴郡富春人，据说是孙武之后代。孙权生于汉光和五年（公元182年），卒于吴太元二年（公元252年），终年71岁（农历）。

孙权19岁从其父兄手中接下了东吴的江山。"年少万兜鍪，坐断东南战未休"，与曹刘抗衡，被曹操称赞为"生子当如孙仲谋"。孙权也是三国中最年轻的一代枭雄。

孙权于吴黄武元年（公元222年）被魏曹丕命为吴王。吴黄龙元年（公元229年）孙权称帝，建立吴国，是吴国的第一个皇帝。吴最早的创始人是孙策。孙策26岁因伤重致死。临终把创业任务传给了年龄小他7岁的弟弟孙权。孙策对孙权说："若举江东之众，决机于两阵之间，与天下争衡，卿不如我；举贤任能，使各尽力以保江东，我不如卿。"（第29回）孙权的成功在于善于用人，善于纳谏。

（一）孙权善于举贤任能

孙策临终告诉孙权："内事不决，可问张昭，外事不决，可问周瑜。"（第29回）张昭、周瑜实际成为辅佐孙权的文武两位"丞相"。孙权尽管年轻，但是大事最终还是他亲自作决断的。

孙权用周瑜有两例：

第一例，关于是否向曹操送"任子"的意见。汉建安七年（公元202年）孙权接班不久，曹操要孙权送他的一个儿子去许昌当"任子"。"任子"者，人质也。这是曹操控制他人势力惯用的手法。为此，孙权征求文臣张昭的意见。张昭想：若送，可换来和平，但要任人摆布；不送，曹操派兵攻来，吴国会灭亡，因此很犹豫。于是，孙权征求周瑜的意见，周表态不送。理由是：送，可封个侯爷，但却受人摆布，要受征召，有被杀被囚，甚至丧权辱国的危险。所以，周瑜表态"韬勇抗威，以待天命"，要自己掌握自己的命运。孙权最后听取了周瑜的意见，决心以自己的东南天下与曹操抗衡。结果曹操也奈何他不得。

第二例，任命周瑜为赤壁大战的大都督。建安十三年（公元208年）

九月，曹操拥众百万，南下，有相吞之意。孙权征求众大臣意见。文臣主降，武将主战。周瑜会同刘备方的诸葛亮，共同分析认为：曹操虽强，但其势已属强弩之末；北军不服水土、不识水战，操犯兵家之忌，虽多必败。孙权说：老贼欲废汉自立久矣。孤与老贼势不两立！于是任命周瑜为大都督，授予全权，与曹操决战。（第44回）结果，在刘备、诸葛亮配合之下，打赢了关系东吴命运的赤壁之战。

（二）从使用张昭看孙权识人之明

孙策创业，命张昭为长史，抚军中郎将，文武之事，一以委昭。孙策临终，将辅佐弟孙权之责托付予张昭。张昭是东吴老臣，年长孙权26岁。忠謇亮直，有大臣之节，孙权十分敬重他。孙权尊称张昭为"公"（老师），不称呼其职，更不称呼其名。

张昭不负孙策所托，尽心辅佐孙权，对孙权不当的做法，敢于直谏。当孙策死，孙权痛哭倒于床前。张昭则规劝孙权："此非将军哭时也：宜一面治丧事，一面理军国大事。"孙权收泪，出堂理事。（第29回）孙权每进行田猎，常乘马射虎，有时虎尝突然前攀持马鞍。张昭则变了脸色对孙权说："夫为人君者，谓能驾驭英雄，驱使群贤"，而不是驰遂于原野，能猛于野兽的人。孙权道谢说："（吾）年少虑事不远。"孙权于武昌，临钓台，饮酒大醉，并要群臣也要一醉方休。张昭立即退场。孙权派人请回张昭说："共作乐耳，公何为怒乎？"张昭回答："过去商纣王也是这样长夜饮酒，当时也是以为作乐，而不以为恶也。"孙权听后默然，面有惭色，遂停止酒宴。因此，张昭朝见往往辞气壮厉，有时以直言逆旨，使孙权很失面子。但孙权理解，这是张昭"思尽臣节，以报厚恩"、"志在忠益，毕命而已"的一片忠心。

后来，孙权要立丞相的时候，众议当是张昭。孙权则不用张昭，而选择了顾雍为丞相。孙权说："领丞相事烦，而此公（张昭）性刚，所言不从，怨咎将兴，非所以益也。"可见孙权识人之明。顾雍"为人不饮酒，寡言语，举动时当"。孙权说："顾君不言，言必有中。"顾雍选用的文武将吏各随能所任，心无适莫。

（三）孙权纳谏，从善如流

孙权善用武将，也善用文臣，如张昭、顾雍、张纮等人，这些人善于直谏，孙权则从善如流。前面提到孙权接受张昭的劝阻，毅然挑起军国大事；

听张昭之谏，而停罢酒宴。尽管张昭之言使孙有失情面，但对国家有利，孙权则以自己"年少虑事不远"，而辞谢老臣。

从顾雍谏。顾雍是孙权的相。为人心细，绝不会在众人面前批评孙权，免得孙权难堪。顾雍绝不是阿谀奉承的人，但他比张昭讲求方法，他写小条子进谏，用书面的形式向孙权提意见。如孙权喜欢用严刑对待百姓，顾雍则婉转地向孙权说，法令是否太多了些，刑罚是否定得重了些等。孙权好豪饮，顾雍也规劝孙，以隐晦的态度规劝孙权，众人狂欢，他不饮，以此使饮酒者惭愧。

从张纮谏。孙权以张纮为长史，以征合淝。孙权好强，率轻骑冲突敌阵。张纮谏曰："夫兵者凶器，战者危事也。今麾下恃盛壮之气，忽强暴之虏，三军之众，莫不寒心。虽斩将搴旗，威震敌场，此乃偏将之任，非主将之宜也。愿抑贲、育之勇，怀霸王之计。"孙权接纳了这个意见，并对一些将士的伤亡说："是孤之过也，从今当改之。"（《三国志·吴书·张纮传》）

孙权善于纳谏，颇有后来唐太宗李世民纳谏的风度。

检讨孙权的为政，他也有很多错误。主要是执政中期，与蜀汉的关系不当；执政的后期，接班人的选择引起内政不稳，同时政治残暴，所以孙权死后，吴国统治集团内部加速分裂，导致吴国自毁而亡。

六　诸葛亮之忠贞

诸葛亮是三国时期乃至中华民族历史上最受人们尊敬、爱戴的人物之一。从管理角度，本书主要分析诸葛亮的为政智慧与为人品德。

（一）诸葛亮其人

诸葛亮，字孔明，生于公元181年，卒于公元234年，享年54岁（农历）。诸葛亮是山东琅琊郡阳都县（今山东沂南县）人，后随叔叔来到襄阳，在襄阳城外二十里的隆中耕读游学。因隆中当时属于南阳郡的邓县管辖，所以，诸葛亮自己曾说："臣本布衣，躬耕于南阳。"

诸葛亮出山之前，是一个茅庐隐士，山野村夫。汉献帝建安十二年（公元207年）受刘备三顾茅庐之请，离开隆中，出山辅佐刘备创建蜀国，辅佐后主刘禅治理蜀国，忠于蜀汉，声名卓著。

历史上的诸葛亮，是位政治家、军事家，也是著名的文学家。

说诸葛亮是政治家，主要是诸葛亮辅佐刘备、刘禅建国、治国，实行法治与德治相结合，发展经济，治理政风，实现国富民安，政绩卓著，使蜀汉成为三国之中治理得最有条理的国家。

说诸葛亮是军事家，主要是诸葛亮作为军师、丞相，统兵作战，打了不少的以少胜多的胜仗、奇仗，巩固了蜀汉政权；同时还写有专门论述为将之道和用兵之道的兵书《将苑》和各种用兵、训练的教令、兵法，发明有"八阵图"等练兵布阵的神奇战法等。

说诸葛亮是著名的文学家，是说诸葛亮流传后世的名篇《隆中对》、《出师表》、《诫子书》等，在中国古典文学中占有一席之地。

诸葛亮是蜀汉的丞相，统军治国，对蜀汉的强盛起了非凡的作用。可以说，若是没有诸葛亮，就没有蜀的存在。但是诸葛亮身为丞相，即使后主刘禅称其为"相父"，依然不忘"先帝之殊遇"，"报先帝而忠陛下之职分"，"鞠躬尽瘁，死而后已"。既有开国之才，又秉事君之节；既有治人之术，又得立身之道。"权倾一国，声震八纮，上下无异词，始终无愧色。""若天假之年，则继大汉之祀，成先主之志，不难矣。"（唐裴度语）"上不生疑心，下不兴流言，诚信结于人，格于神。""戎狄野祠，氓庶巷祭，遗爱所使，岂求而得之？"（唐尚驰语）事业、做人，可谓"完人"。尽管《三国演义》小说是站在维护封建正统的立场有意美化、塑造了诸葛亮这个"完人"，但从史书《三国志》等对诸葛亮的评说可见，诸葛亮将修身、齐家、治国、平天下为一身，为士人之楷模，并不过分。事过千年，诸葛亮所代表的精神依然不愧是中华民族的一种美德与骄傲。

（二）诸葛亮为政

诸葛亮极力推行法治，将法治与德治相结合。

诸葛亮治蜀，革除东汉末年的弊政，制定法律，称为汉科。颁布《八务》、《七戒》等条章，以训厉臣子。颁布各种教令，严格训练和治理军队。

他执法严明，"赏赐不避仇怨，诛罚不避亲戚"。陈寿在《三国志》中评价诸葛亮治蜀："科教严明，赏罚必信，无恶不惩，无善不显，至于吏不容奸，人怀自厉，道不拾遗，强不侵弱，风化肃然也。"

他实行礼治，以德治国。主张"道之以德，齐之以礼"。以"仁义礼智信"的道德为标准，规范内部君臣、官吏之间的关系。以民安为本，实行仁政，和谐民族关系。以礼治军，出师有名，秋毫无犯，行仁义之师等。

他重视经济，关注民生。诸葛亮提出"惟劝农业，无夺其时；惟薄赋敛，无尽民财"，实行耕战政策，既耕既战。发展农业，发展织锦，管理盐铁，经营贸易，增加财政收入。和平时期，"务农植谷，闭关息民"；战争时期，分兵屯田，以减轻农民负担。重视水利，维护都江堰；反对奢侈，提倡节俭，身体力行。

他重视武备，讲究练兵习武，开拓疆土，巩固政权。赤壁之战后占领荆南三郡；平定南中，安定后方；六出祁山，北伐中原，使强魏不敢小视西蜀。直到积劳成疾，病逝于离长安不到百里的五丈原军营之中。

诸葛亮南征北战，一心为蜀，鞠躬尽瘁，死而后已。博得后人的敬仰和赞誉。唐杜甫就曾赞叹："三顾频烦天下计，两朝开济老臣心。出师未捷身先死，长使英雄泪满襟。"（《蜀相》）

（三）诸葛亮为人

诸葛亮是德才兼备的人。诸葛亮有才，"善治国"；诸葛亮更有德，忠诚为国，大公无私。诸葛亮的德，主要体现在忠诚勤俭、公正无私，高风亮节。

诸葛亮忠诚蜀汉。从出茅庐跟随刘备起，到身殒五丈原止，全部的身心都献给了蜀汉的事业，实践了自己所说的"鞠躬尽瘁，死而后已"的诺言。刘备临终前，把自己的三个孩子托付给诸葛亮，并嘱咐说："令嗣子（刘禅等）以父事之"。并对诸葛亮说："若嗣子可辅，则辅之；如其不才，君可自为成都之主。"诸葛亮涕泣曰："臣必竭股肱之力，尽忠贞之节，继之以死！"（第85回）

对国、对君王之忠，也体现在对同僚、对下属之诚。如对关、张，诸葛亮刚出山时，关、张对诸葛亮的才能还不够信服，诸葛亮并不与计较，硬是用自己指挥作战的实际战果赢得了关、张的钦佩。刘备进川后封马超为左将军，身为右将军的关羽要来成都与马超比试高下，正是孔明对关羽的动情劝说，使关羽安心守卫荆州。诸葛亮对百姓施仁，对士卒守信，诚心诚意，言行如一。军队出师，对百姓秋毫无犯；军纪严明，有令必行。

诸葛亮对蜀国之忠，对百姓之诚，也体现在对家人、对子女的教育上。诸葛亮的养子诸葛乔，在街亭战役中牺牲；儿子诸葛瞻、孙子诸葛尚，据守绵竹，以身殉国。诸葛亮祖孙三代为国捐躯，被后人称为"三代忠贞"。

诸葛亮的大公无私，赏罚严明，以"挥泪斩马谡"最为有名；诸葛亮的一勤二俭，以"临终遗表"最为有名。我们在后面的讨论中再加以说明。

唐朝宰相裴度曾说："度尝读旧史，详求往哲，或秉事君之节，无开国之才，得立身之道，无治人之术。四者备矣，兼而行之，则蜀丞相诸葛公其人也。"（《诸葛亮集·附录》）

诸葛亮的智勇和完美人格，为世代所称颂。诸葛亮毕竟不是完人，他也有错误，如北伐中街亭之失；有缺点，如事必躬亲等。

七 司马懿的谋略与善变

司马懿，字仲达，河内温人（今河南温县），生于公元 179 年，卒于公元 251 年，终年 73 岁（农历）。

司马懿是北魏后起的优秀将领。从曹操时代的主簿，到魏文帝曹丕的抚军大将军，魏主曹睿时的骠骑大将军，魏主曹芳时的丞相，加九锡。也是陪伴北魏四代君王的能臣。三国归晋，是从司马懿及其子司马师、司马昭开始，由司马昭之子司马炎最终篡魏而完成的。从完成统一的角度看，司马懿的作用最大。

司马懿深明韬略，善晓兵机，是谋略家；懂权术，是权术里手；能屈能伸，有自知之明，为晋朝的建立打下了基础。但司马氏手段残暴，阴险诡诈，也为晋朝潜伏下分裂的祸根。

（一）司马懿是谋略家

司马懿首先是一个谋略家。《三国演义》关于司马懿施展谋略的故事很多，可列举若干。

第67回说：曹操已得东川（汉中）后，司马懿以主簿身份向曹操建议："乘胜可速进兵攻之（西川），势必瓦解。智者贵于乘时，时不可失也。"但曹操不愿"得陇望蜀"，因为"士卒远涉劳苦，且宜存恤"，没有采纳。事后曹操本人也为这次丧失机会而后悔。

第73回说：刘备即位汉中王。曹操欲起倾国之兵，赴两川以决雌雄。司马懿谏阻曰："臣有一计，令刘备在蜀自受其祸；待其兵衰力尽，只需一将往讨之，便可成功。"司马懿的计策是：在荆州问题上吴与蜀关系已出现恶化，"今可差一舌辩之士，赍书往说孙权，使兴兵取荆州；刘备必发两川之兵以救荆州。那时大王去取汉川，令刘备首尾不能相救，势必危矣。"这是一个既狠毒又可行的计策，让蜀吴失和，曹操坐收渔翁之利。

第94回说：魏新城太守孟达密谋造反。司马懿获悉消息，冒不奏请皇上之罪，星夜远征，令孟达措手不及，平定了叛乱。

第106回说：辽东太守公孙渊图反，魏王派司马懿讨伐，司马懿围而不打，出奇制胜，终于以巧计获大成功。可见，司马懿为北魏政权的巩固是立下汗马功劳的。

（二）司马懿善权变，是权术里手

司马懿不仅多谋略，而且善权变。司马懿比诸葛亮年长两岁，在北魏的智囊群中，是个后起之秀；在曹魏的政权中，他并未得到刘备视诸葛亮为"如鱼得水"的信任。曹操虽爱司马懿之才，但对他"素有大志"心存疑忌，曾说与近臣："司马懿鹰视狼顾，不可付以兵权；久必为国家大祸。"（第91回）但曹操临终前召重臣嘱以后事，仍有司马懿到场。（第68回）曹睿称帝时，司马懿虽"受先帝托孤之重"，但曹睿对司马懿也是"素怀疑忌"，所以才中了诸葛亮的离间之计，削其兵权，"罢归田里"。（第91回）直到诸葛亮北伐，中原无敌手，魏太傅钟繇以全家良贱举保仲达，曹睿才复司马懿之官职，加为平西都督。（第94回）魏帝曹芳时司马懿升为丞相，又是一个起落。可谓"三疑两落"。司马懿能够站住脚，除了功绩之外，也是靠了权术。

《三国演义》中有"司马懿诈病赚曹爽"的故事。曹睿死后，大将军曹爽总摄朝政。司马懿与曹爽，扶年幼太子曹芳即皇帝位。曹爽担心大权旁落，"恐生后患"。于是则通过魏主曹芳，以司马懿功高德重为由，将其由太尉升为太傅，兵权尽归于曹爽。司马懿推病不出。曹爽不知仲达虚实。派心腹刺史李胜，借探望之名，到太傅府中。司马懿于是去冠散发，上床拥被而坐；又令二奴婢扶策，方请李胜入府。胜见状曰："太傅如何病得这等了？"司马懿作哽咽之声曰："吾今衰老病笃，死在旦夕矣。二子不肖，望君教之，君若见大将军，千万看觑二子！"言讫，倒在床上，声嘶气喘。李胜回见曹爽，细言其事。曹爽曰："吾无忧矣！"

司马懿对二子说："李胜此去，回报消息，曹爽必不忌我矣，只待他出城牧猎之时，方可图之。"曹爽不再以司马懿为意，肆无忌惮，恣意弄权。一次，曹爽随曹芳外出祭祖，司马懿突然控制都城，发动兵变，软禁曹爽，名谓：只为将军权重，只要削去兵权，别无它意。曹爽信以为真，情愿弃官。结果司马懿以曹爽有谋反罪为由，灭了曹爽一族，曹氏政权则归于司马氏。（第106回）

同样，司马懿以"围而不攻"的方式，攻破辽东襄平城，公孙渊投降被杀。同时，"城破，斩相国以下首级以千数，传（公孙）渊首洛阳"，辽东悉平。（《三国志·魏书·公孙传》）

（三）司马懿知雄守雌，有自知之明

在魏、蜀相争的战场上，司马懿是诸葛亮的死对头。两人是针锋相对，旗鼓相当。司马懿曾对部下讲："孔明智在吾先。"（第99回）的确，在带兵、遣将、摆阵、用计等战术方面，诸葛亮堪称无可比敌，魏军为此损兵折将，也付出了惨重的代价，包括夏侯渊的被斩、大将军曹真的战死，大将张郃的被杀等。然而在战略方面，司马懿也有高明之处。司马懿深知敌我双方各自的优势和劣势，依靠自己的兵力和实力，对诸葛亮采取了深沟高垒，坚守不出，伺机破敌的方针。司马懿尽管中过诸葛亮的离间计、空城计、诈败计，多次受骗，甚至人格受辱，但就是坚守不出，打持久战，以持久对速决。司马懿可能想，我在智谋上胜不了你，我兵多粮足，可在时间上拖死你。终归因诸葛亮累得吐血，病故于五丈原，司马懿才成了这场战争的胜利者。

其实，正是诸葛亮的北伐，救了司马懿，使曹氏放弃了曹操的遗训："司马懿鹰视狼顾，不可付以兵权；久必为国家大祸。"司马懿心中的大战略并不在于对抗蜀汉的北伐，而是要如何保存自己的实力，把北魏的兵权牢牢掌握在自己手中，有军则有权。

孔明北伐中，司马懿几次上当，损兵折将，于是采取坚守不出。孔明为激司马懿出战，"今遣人送巾帼素衣至：如不出战，可再拜而受之。倘耻心未泯，犹有男子胸襟，早于批回，依期赴敌。"司马懿看毕，心中大怒——乃佯笑曰："孔明视我为妇人耶？"即受之，令重待来使。司马懿宁可甘心受辱，也不轻易出战。看似弱者所为，但知雄守雌，最终则以稳待变，以静制动，在各种因素的消耗中取得了最后的胜利。

司马懿是有自知之明的人。司马懿料定魏国抗拒孔明的重任非自己莫属。他知道自己的能力。同时也知道自己能力的界限。在具体作战时，他坦诚告诉部下："吾不如孔明也。"（第95回）所以决不轻易冒进，决不强其不可为而为之。有耐心，能忍辱，大智若愚，后发制人。司马懿长于谋略，富于进取；但在机变战术上稍逊于孔明，在政治实力上，有朝中大臣的疑忌，也不如孔明在蜀。因此在战略上雄心勃勃，在战术上谨慎小心，这是道家"知其荣，守其辱"、"知其雄，守其雌"（《老子》二十八章）的生活准则和思维方式。

毛泽东读《三国演义》时评价司马懿有两大特点：一是司马懿"他出身士族，多谋略，善权变，为魏国重臣"。二是"以静制动，以稳待变"，"此司马懿敌孔明之智也"。不过，在历史上，司马懿的名声远逊于诸葛亮，大约是同为"相"，一则谋人之国，一则鞠躬尽瘁之故。（见马银春著《毛泽东与四大名著》）

八 《三国演义》与《孙子兵法》

有人说，《三国演义》是一部兵书，是《孙子兵法》的形象的诠释读本。这是有道理的。我们先说说《孙子兵法》这部书。

《孙子兵法》是中华民族传统文化的瑰宝，是我国现存的最古老的哲理与实践兼备的军事巨著，是世界上流传时间最长、传播范围最广、历史影响最大的兵学圣典。享有"东方兵学鼻祖"、"中国第一兵书"等美誉。

《孙子兵法》的作者是孙子，姓孙名武，字长卿，春秋末期齐国乐安（今山东惠民县）人，出生年月不详，大约与孔子同时。其远祖陈完，因陈国内乱逃亡到齐国，改姓田氏。孙武的祖父田书，是齐景公时的大夫，因在攻打莒国战争中有功，景公把乐安封给他，并赐姓孙氏，以示奖励。周景王十三年（公元前532年）夏，齐国发生了"四姓之乱"，孙武避难逃离了齐国，来到南方吴国，在都城姑苏（今江苏苏州）隐居，潜心研究兵法。

周敬王四年（公元前519年）吴王阖闾夺得王位后，立志发愤图强，振兴吴国。公元前512年吴国大将伍子胥把孙武推荐给吴王。于是，孙子带着他写的《兵法十三篇》晋见吴王，吴王阖闾对孙武非常赏识，任命他为将军，开始了长达三十年的军事生涯。孙武善于运筹，巧于指挥，和伍子胥一起，帮助吴王阖闾最终打败了强楚，使吴国"显名诸侯"，成为春秋五霸之一。

破楚之后，吴王不思图治，生活奢靡，使孙武失去了继续与之共事的基础。于是孙武挂冠归隐，老死吴国。

（一）《孙子兵法》的主要内容

《孙子兵法》全书十三篇，近6 000字，内容十分丰富。有人说，这是中国最早的军事谋略学。择其要点，核心内容有四："运筹庙算"，"上兵伐谋"，"知彼知己"，"兵形象水"。现简介如下：

"运筹庙算"。《孙子兵法》首篇是"计篇"，将计划、战略运筹作为用兵之首。孙子说："未战而庙算胜者，得算多也；未战而庙算不胜者，得算少也。"庙算，就是分析敌我双方的力量对比，要"经之以五事，校（同较）之以计，而索其情（判断胜负的可能性）。"五事"即"道、天、地、将、法"五个方面；"校七计"即"主孰有道？将孰有能？天地孰得？法令孰行？兵众孰强？士卒孰练？赏罚孰明？"经过分析比较，做出决策。孙子说："吾以此知胜负矣。"力量对比、综合实力的较量，是战争胜负的基础。

"上兵伐谋"。怎么打法，既要斗力，更要斗智。孙子在"谋攻篇"中说："上兵伐谋，其次伐交，其次伐兵，其下攻城，攻城之法为不得已。"主张多用谋略取胜，这比单用武力取胜所付出的代价要小。至于以弱胜强，以少胜多，则非善于用谋不可。能够达到"不战而屈人之兵"，就是"善之善者也"，就是成功的最高境界。

"知彼知己"。要打胜仗，必须知情，千方百计获取准确的情报。孙子在"谋攻篇"中提出了一个著名的论断："知彼知己，百战不殆。"在"地形篇"中说："知彼知己，胜乃不殆；知天知地，胜乃不穷。"在"用间篇"中，提出"先知"的重要性："明君贤将，所以动而胜人，成功出于众者，先知也。"就是获取关键情报的重要性。这是取胜的关键。

"兵形象水"，"因变制胜"。古人用兵善于借用水的智慧，水的变化规律。孙子在"虚实篇"中说："夫兵形象水，水之形，避高而趋下；兵之形，避实而击虚。水因地而制流，兵因敌而制胜。故兵无常势，水无常形；能因敌变化而取胜者，谓之神。"情况瞬息万变，用兵方法也要善于应变，要避实击虚，随机制宜，才能打主动仗。这是用兵的灵魂。

（二）《三国演义》中有《孙子兵法》

《三国演义》是历史，是演义故事，是从战争角度说明了对抗的哲理。因此说《三国演义》是一部形象的兵法教科书，是很有道理的。《孙子兵法》揭示了用兵的规律，这些原则在《三国演义》的战争故事中得到了灵活运用。把兵法中的庙算、伐谋、先知、应变的原则，生动、形象地体现出来了。

"运筹庙算"，以谋取胜，以赤壁之战为例。赤壁之战的交战双方是这样的：孙刘方是弱方，曹魏方是强方。曹魏兵号称百万，分布在千里长江沿线；孙吴方军不过5万，刘备方兵不过2万，但却集中在赤壁战场。兵力相差十分悬殊。曹操南下，势在使吴国灭亡。从孙吴看，若降则必亡；若抗，依靠地利与民心，加上孙刘联合，可能不亡。从道义来看，战争的性质，魏是侵略，不得民心；而孙、刘是自卫，是救危图存的，是得民心的。从军队的士气看，孙、刘是为求生存，兵必死战，将士齐心；而北魏长途远征，兵力已属强弩之末。孙、刘有长江天险，南军习水性惯水战；而魏军多骑兵不善水战，加上水土不服，必多发疾病。曹操急于南下，弃长就短，乃兵家之大忌。周瑜与诸葛亮正是从本质上分析了双方情势，决心一战，决策利用火攻，出奇制胜。为此黄盖行诈降计，麻痹曹军；周瑜行反间计，除去了曹水军都督；派人给曹操献战船连锁计，为实施火攻创造了条件；加上诸葛亮的草船借箭、借东风，选择了实施火攻的时机等。正在曹魏方为稳操胜券而摆宴庆贺之时，东吴军出其不意，千船竞发，风助火势，火烧曹营，孙、刘军一举大胜。赤壁之战是运筹决策的胜利，以少胜多，是以谋取胜。

"上兵伐谋"，曹操与袁绍的官渡之战也是一例。公元 200 年，袁绍的八十万大军集结于官渡，曹操军不足十万，已相持几个月了。曹操军粮已快用尽，后方也不安定。曹操犹豫想撤军。此刻曹操收到谋士荀彧寄来的信，敦盼曹操坚持，指出："至弱当至强，若不能制，必为所乘。"又说："此刻正是用计之时，断不可失。"果然，在坚持对峙的情况下，曹操出奇谋，采纳许攸之计，亲自率兵突袭袁绍的存粮基地，火烧乌巢，袁军无粮自乱，曹军大胜。（第 30 回）

"知彼知己"，东吴吕蒙偷袭荆州就是一例。《三国演义》第 75 回，吴将吕蒙、陆逊与蜀汉关羽争夺荆州。时机是关羽打响了襄樊战役，关羽水淹七军，斩庞德，擒于禁，威名远扬，锐不可当。吴将吕蒙，知关羽的骄与勇的个性，于是设谋："卑而骄之"——吕蒙托病，上书辞职。举荐书生陆逊代守陆口；陆逊未有远名，非关羽所忌。陆逊遂即修书一封，具名马、异锦、酒礼等物，遣使赴樊城见关公。陆逊的书词卑谨，使关公不再担忧江东，于是调荆州守军援樊城，荆州后院空虚。吕蒙乘机渡江偷袭，关羽败，失荆州。（第 75 回）

"因变制胜"，为报关羽、张飞之仇，刘备倾全国之兵，伐吴，连克数城，大兵进至猇亭。吴派陆逊为都督迎敌。陆逊以退为进，坚壁死守，静观时变。刘备深入吴境，天气炎热，傍山扎营，联营 700 余里。陆逊见刘备兵疲，据势应变，值东南大风，发动火攻，结果火烧连营，刘备大败。

读《三国演义》可以加深对《孙子兵法》的理解；读《孙子兵法》可以明白《三国演义》中古人制胜的哲理。

兵法是古代用兵作战的策略与方法。兵法与哲学有密切关系。

人们说，兵哲相通。**兵学中的精髓，就是哲学中的哲理和科学的思维方法。**用现在的话说，就是含有朴素的唯物辩证法。从上面介绍的《孙子兵法》中的四个基本问题，我们试作如下讨论：

"运筹庙算"。敌我情势的分析，就是"审时度势"，综合分析敌方、我方在"道天地将法"这"五事"方面，在"主孰有道，将孰有能"等"七计"方面的强弱、优劣。经过分析，达到扬己之长，击彼之短，战胜对方。

"上兵伐谋"。这是既要伐兵，更要伐谋，既要靠武力，也要靠智慧。孙子重视武备，更重视谋略，重视发挥人的主观能动作用。这就区别了单纯的唯武器论，重视了人的作用。孙子反对穷兵黩武，主张慎战备战，是防御性的抗争，因此，重视"伐谋"。这为弱方，防御方，提供了以少胜多、以弱胜强的思想武器。

"知彼知己"。"知彼知己，百战不殆"，这是科学的认识论，毛泽东把它称为"孙子的规律"，"科学的真理"。这里的"知"，是唯物的知，是实事求是的知。孙子在《孙子兵法·用间篇》中说："动而胜人，成功出于众者，先知也。先知者，不可取于鬼神（祈祷），不可象于事（类比），不可验于度（星宿预兆），必取于人，知敌之情者也。"可见孙子的唯物观是明确而突出的。

"兵形象水"，"因变制胜"。孙子说："水因地而制流，兵因敌而制胜"，要因敌变而变，这是个辩证法问题。战争情况是瞬息万变的，战法要因敌变化而变化。用于管理也是一样，管理方法要依情而变，要因地制宜，不可死守一个方案，一个模式，处理问题不搞绝对化。作战双方彼此保密，机密不可轻易泄露于人，并要想尽办法，制造假象，施以诡道，使对方摸不清情况，力争作战的主动。

人们对兵法感兴趣，也可以说，人们对兵法中蕴涵的哲理更感兴趣。

《三国演义》中的军事辩证法

军事辩证法，是辩证法思想在军事上的运用。《孙子兵法》中最精彩的，就是有朴素的军事辩证法思想。

《三国演义》的战争故事中，充满了胜负、存亡、得失、正确与错误、彼与己、攻与守、正与奇、分与合、强弱、众寡、祸福、安危等等矛盾的概念，矛盾的现象，充满了矛盾双方的对立斗争。"矛盾"问题，属于哲学问题。矛盾的对立统一规律是辩证法的核心。

分析《三国演义》中的故事，也离不开矛盾的学说。魏、蜀、吴之间有矛盾，任何一方都想消灭其他方。只是因为在特定的历史条件下，三方谁都没有力量单独统一中国，才出现了鼎足而立的三国时期。

从矛盾分析入手，谈谈《三国演义》中的军事辩证法方面的问题。

战争与胜负问题。 关于战争，"死生之地，存亡之道，不可不察也。"这是战争的重要性。但战争有"义"与"非义"之分；战争行动有"利"也有"害"；君王对战争的态度，是"不得已也"的"慎战"、"备战"；忘战必危，好战必亡。孙膑在回答齐威王问时说：国家"素信者昌，立义（者强），用兵无备者伤，穷兵者亡。"这是关于战争的辩证法。战争是一个过程。胜与负是战争的结果。所以有以成败论英雄之说。胜负的原因是多方面的，有实力问题、客观条件问题，也有主观指导问题、意志精神问题。因此，不能简单地以成败论英雄。还要看方向，努力程度，奋斗精神，看全部的过程，看最后的结果。三国中的刘备，从织席贩履的一介平民，一跃进入了军阀纷争的行列，先后投靠过公孙瓒、袁绍、陶潜、曹操、刘表，打了不少的败仗，此刻他还不是英雄，但却为他今后的崛起作了准备。就在刘备蛰伏于曹操帐下之时，曹操却说："天下英雄惟使君（刘备）与操耳！"可见曹操看出了刘备的潜力。后来刘备经过奋斗，果然成就了霸业，建立了蜀国。

关于如何看待胜与败的问题。 战争是严酷的，如孙子所说，是死生之地，存亡之道。战争是最严酷的抗争博弈问题，既是实力的较量，也是人的智慧和意志的比拼。胜利是用血汗浇灌出来的，也是靠坚强意志铸就的。胜败乃兵家常事，不要过分地在乎一城一地的得失。失败了更考验人的意志力。败而不馁，力争在逆境中奋起。赤壁大战后，曹操是失败了，但在逃往江陵的路途中，他还曾几次大笑，有些是狂妄的笑，有些是不甘心的笑，也有些是掩饰悔恨的笑。但他要重整旗鼓报仇雪恨的决心是肯定的。曹操在赤壁吃了周瑜的一把大火，吃了亏；但在南郡，曹操却留给了曹仁密计，让周瑜中了毒箭，险些丧命。胜与败在一定条件下是互相转化的。尽管战场上可以没有常胜将军，但领兵之将，则必须谨慎小心地对待每一次战事。

关于分析问题的方法问题，就是如何做到实事求是，具体问题具体分析的问题。三国中有一段关于谋士贾诩的故事。袁绍伐许都，曹操撤退。张绣、刘表获讯，欲追曹军。张绣的谋士贾诩则劝不能追，认为追之必败。张、刘不听，认为是机会，追去，结果败了回来。张绣对贾诩说："不听公言，果有此败。"此刻，贾诩却说："今番追去，必获大胜。"刘表不信，张绣信之。张追之，果然获胜。这里存在着辩证法。贾诩是这样解释的："将军虽善用兵，但非曹操敌手。操军虽败，必有劲将为后殿，以防追兵。我兵虽锐，不能敌之也，故知必败。夫操之急于退兵者，必因许都有事；既破我追军之后，必轻车速回，不复为备；我乘其不备而更追之，故能胜也。"（第18回）1944年毛泽东在《学习与时局》的报告中引用列宁的话说：对于具体情况作具体分析，是"马克思主义的最本质的东西，马克思主义的活的灵魂"。贾诩的分析方法，就是具体分析，这是辩证法的活的灵魂。

关于抓主要矛盾。毛泽东在《矛盾论》中指出：任何过程如果有多数矛盾存在的话，其中必定有一种是主要的，起着领导的、决定的作用。"抓住了这个主要矛盾，一切问题就迎刃而解了。这是马克思研究资本主义社会告诉我们的方法。"《三国演义》中诸葛亮的"隆中对"，就是帮助刘备抓主要矛盾：联吴抗曹。诸葛亮指挥的"火烧博望坡"一仗，以刘备刚组建起来的几千人马，对付夏侯惇的十万曹军，怎么打？诸葛亮抓住了曹军兵多，粮草为大，这个既重要又薄弱的问题，派关羽、张飞等大将，专烧曹军的粮草，一战而胜。这是在战术上抓住主要矛盾而胜利的例子。刘备后来为报仇兴兵伐吴，就是放弃了战略上抗曹的主要矛盾，转移了主攻方向，结果使蜀汉的元气大伤。

关于辩证思维。人们研究《三国演义》有各种方法，主要的有三种：事理式，以事论理；论理式，以理论事；哲理式，以哲论理。三式各有用途。这三种方法，最核心的是矛盾分析方法。矛盾分析说到底就是哲理分析，是辩证思维方式问题。辩证法告诉我们，对任何事物都要取分析的态度，要全面的看，动态地看，发展地看问题，既看问题的正面，也看问题的反面，看有利的方面，也看不利的方面。少犯片面性的错误。孙子在兵法中就说："兵者，诡道也。故能而示之不能，用而示之不用，近而示之远，远而示之近。""利而诱之，乱而取之，实而备之，强而避之；怒而挠之，卑而骄之，逸而劳之，亲而离之"等，都是从反面思考，从相反的方向找到问题的薄弱点，加以解决的。

从《三国演义》中学管理，就是学习处理矛盾的方法，军事辩证法就给我们许多有益的启示。

十 超越兵法看管理

《孙子兵法》是一部军事学术著作。《三国演义》是描写战争故事的演义小说。它们有共同点，就是充满了哲理，高瞻远瞩，富于思辨，舍事言理。从管理角度看，它们揭示的哲理，远远超出了兵法的本身，跨越了历史时空，确实可以作为人们"攻玉"的砺石，被广泛运用于企业经营、商贸管理等非军事领域。

《孙子兵法》运用于非军事领域，古已有之。最典型的是战国时的商人白圭。在《史记·货殖列传》中记载白圭治商的经验："吾治生产（经商），犹伊尹、吕尚之谋，孙、吴用兵，商鞅行法是也。"以致当时"天下言治生祖白圭"。

其实，比白圭还早一百多年的范蠡，才真正可称为是"治商鼻祖"。范蠡是楚国人，后到了越国，担任过上将军，曾帮助越王勾践卧薪尝胆，最后使越国灭了吴国。越国强盛之后，范蠡"乃乘扁舟，浮于江湖"，到了齐国。范蠡改名换姓，作到齐国的相。后来，辞去齐相，来到宋国的陶邑（今山东定陶西北），再次改名换姓为"朱公"。因为宋国的陶邑是"天下之中，诸侯四通，货物所交易也"。在货物流通领域，成就了他的一番事业。他的经营理念是："积著之理"，"治产积居"即囤积居奇。抓住时机（"与时逐"），货畅其流，因形造势，终于获得巨大成功，拥有了千万的家产。范蠡弃官经商，在经商中，能够"审时度势"，把握时势发展机会。范蠡说：圣人只能"随时"，即依据时势发展的规律办事；要"守时"，就是要顺时而动；在用人上，主张"择人而任时"；将这些兵法的原则用于经商，从而获得成功。

在战国时期，兵法也用到了中医领域。如兵法重良将，中医重良医；择医如用将，防病如防敌；治兵如治寇，用药如用兵；用药组方如排兵布阵等。

对于企业经营，现代已经出现了"兵法经营学"等新理论。国内和国外已有许多研究成果出现。如有人总结为：在经营决策上用的是运筹决胜理论；在市场营销上，用的是因利任势理论；在企业管理上，用的是令文齐武理论；在选人用人上，用的是因能授官理论等。

在非军事领域，广泛运用兵法的哲理，尤其是兵法中的辩证思维方式，可以使人获得启示与灵感，举一反三，创新出奇。这启示我们，将研究《孙子兵法》与研究《三国演义》联系起来，将古代的传统智慧与现代的管理理论结合，创造出新的管理特色，为我们的事业服务。

上面我们多数情况说的是兵法的思想、谋略可以引申、运用于非军事领域，这是说它们在管理上所具有的共性、共同点。同任何事物之间有其同必有其异一样，同是"管理"，在军事领域与非军事领域，还是有许多不同的。不可否认，军事领域与非军事领域，特别是企业经营，还是有许多本质的不同的。本书在后面的讨论中，关于它们应用的异同，我们还将作进一步的说明。因此，切忌不分场合地套用兵法中的语言和原则。这也是我们学习兵法运用于企业管理的题中之意。

文德篇

人在精神国在魂

丞相祠堂何处寻？锦官城外柏森森。

映阶碧草自春色，隔叶黄鹂空好音。

三顾频烦天下计，两朝开济老臣心。

出师未捷身先死，长使英雄泪满襟。

——（唐）杜甫《蜀相》

何处望神州？满眼风光北固楼。

千古兴亡多少事？悠悠，不尽长江滚滚流！

年少万兜鍪，坐断东南战未休。

天下英雄谁敌手？曹刘。生子当如孙仲谋！

——（南宋）辛弃疾《南乡子·登京口北固亭有怀》

　　管理国家，管理企业，实质是管理人，引导人的精神向往，满足人的生活、生产和各种需求，协调人们之间的各种关系，培养高尚的道德情操和社会风尚。国家不仅需要武备强大，需要经济发展，更需要人的精神与品德的高尚。也就是需要文德方面的工作。浇花要浇根，交人要交心。文德工作搞好了，人有精神国有魂，其他的武备问题，经济问题，才有不竭的动力与可靠的保障。

　　兵法说："以武为植，以文为种。"（《尉缭子·兵令》）如果将武比作一棵大树，那么文就是树的种、树的根；武为其表，文为其里。武与文是互为表里，密不可分的。兵法有"内修文德，外治武备"（《吴子兵法·图国》）之说，武备是为了治外，对外御敌；文德是为了修内，内修政理。政理得以修善，政治清明，社会安定，对外用武则无后顾之忧，才能打胜仗。反过来说，武备能够多打胜仗，国家才能安定，政权才能巩固。这也说明武备文德互相依存，互不可分。

　　文德之治是重要的，德育教化是重要的，在《三国演义》故事中也有所揭示：国家需要法治，也需要有德治，要德法互济。人是有能动性的，人的能力发挥也是有条件的。作为领导者的责任，要对民众进行教育、引导，使之有知识，有能力，有高尚的道德情操；也要努力创造良好的环境，使其聪明才智得以保护与发挥。这就是文德方面的主要内容。

一 要做好文德工作

（一）文德的重要性

《三国演义》是一部以讲三国战争历史为内容的演义小说，主要是讲武的事。但是，只要你深入品味这些故事，你会发现，它通篇讲的却是文的事、德的事。武的起因，武的进行，武的结果，通通离不开国内的政治背景；离不开人的价值取向，人的道德、精神与意志力。这就是属于文德方面的问题。

《三国演义》开篇第一句："话说天下大势，分久必合，合久必分。"当时的形势是乱，是分。一个统一的汉朝，分为三国。进而说："推其致乱之由，殆始于桓、灵二帝禁锢善类，崇信宦官。"就是说，天下大乱的根本原因，是当政的桓帝、灵帝的政策不好，"禁锢善类，崇信宦官"造成的。这就是文德、政理工作没有做好，引起天下大乱，诸侯争霸；引起国家大乱，民不聊生，社会倒退。《三国演义》的末尾，第120回："降孙皓三分归一统"，"自此三国归于晋帝司马炎，为一统之基矣"，"鼎足三分已成梦，后人凭吊空牢骚"。三国由盛至衰，政息人亡，其根源，主要还是当政的国君政理不当，文德工作没有做好，政权失掉民心。因此，古往今来，治理国家，以武备为辅助，以文治为根本。

其实，"武"也是"文"的一种表现。"武"是归属于"文"的。假如把"文"理解为政治，那么，"武"就是政治的一种特殊表现形式。"武"的发生，常常是因为某种"文"的因素引起的。比如，某种政治问题，某种经济问题，某种文化问题，引发了两个集团的利益冲突，导致双方战事的发生。同样，"武"的胜利，也离不开"文"的支撑。文事做好了，经济发展，民生安定，国家强盛了，"武"的强大就有了基础。

还需要解释的，"武备"的内容与"文德"的内容并不是截然分开的，"武"中有"文"，"文"中有"武"；"武备"与"文德"在治国原则下是一个统一体。比如"文德"中有政策问题、经济问题、科技问题、民心问题；而"武备"中除了战略战术原则外，还有军队本身的管理问题、后勤保障问题，有武器装备问题，有政治动员、兵员补充问题，有军队与民众的关系问题等。后者的种种内容本身就是"文"的一部分。

（二）文德工作的内容

中国传统兵学理论，是以朴素辩证法为主体的思维，注重对事物进行整体的、动态的把握，注重事物的普遍联系和相互转化、循环发展。与西方兵学的形式逻辑思维相比，辩证思维更适于驾驭经验知识、反映现实矛盾，具有全局和战略的分析眼光。"这是以《孙子兵法》为代表的中国传统兵学的灵魂所在。"（吴如嵩：《孙子兵法新说》，197页，北京，解放军出版社，2008）这种朴素的综合辩证的思维方法，也渗透于《三国演义》的故事之中。我们从《三国演义》的故事中，不仅看到攻防厮杀的战斗场面，也能领悟到与战争相关的种种文德的思想内容，从而看到各国文臣武将施计用谋的背景、环境、内心世界和胜败兴亡。使人知其然，也知其所以然。

"文德"的范围很宽。下面从管理角度，说说《三国演义》中体现的文德工作的种种内容。

◆关于人和的问题。这是管理的目的，是关系成败的大问题。"和"，则团结、和谐，队伍有战斗力；若将吏相猜，则勾心斗角，两败俱伤。

◆发展生产，关注民生问题。管理民众，要解决百姓的疾苦。为此提倡农耕，减轻赋税，发展经济，增强国力。也有的不顾百姓，横征暴敛，造成民不聊生。这是治国方略问题，也是管理问题。

◆关于教育文化问题。文化教育，关系国民的素质高低，关系人才成长和国家发展潜力。《三国演义》中有很多谋士、文学家的故事，如魏的许攸、郭嘉；吴的鲁肃、陆逊；蜀的许靖、秦宓；文人如孔融、陈琳、杨修等，还有曹操、曹植、曹丕、诸葛亮等。他们既是政治家，也是文学家，都留下了著名的诗赋文章，如曹操的《短歌行》、曹植的《洛神赋》、诸葛亮的《出师表》等。

◆关于法治。这是治国方略问题。曹操用法治魏，诸葛亮用法治蜀，法家主张法治的经验与教训。我们将列专题作讨论。

◆关于德治。儒家主张行仁政，为政以德。蜀汉刘备讲求仁德。刘备临终教育刘禅："惟贤惟德，可以服人；卿父德薄，不足效也。"讲德治与法治并行，讲求为政清廉节俭，反对官吏腐败堕落，努力改善政风。

◆关于品德修养。做官先做人。对个人来讲，品德修养关系一生的成败。而一个领导者、管理者的品德修养，却关系着团队与事业的兴衰。管理者的价值取向、精神风貌、行事作风，影响着队伍的精神状态、团队的文化氛围。当然也是文治的重要内容。

◆关于基层的行政管理工作。基层是国家大厦的根基。基层的治理是宽是严，积累基层的领导经验，对于治理国家十分重要。三国中，曹操、刘备，都曾做过县令或类似县令的职位。诸葛亮培养的接班人蒋琬，就是在治理小县时体现了民安为本的治国理念的。

在三国时期的国，是在封建割据基础上成立的小国，即使实行了郡县制，依然存在国中有国的现象。一个县，一个郡，就是一个诸侯国。治理还是比较简单的。除了军事、战事方面以外，都是"文德"工作的范围，即使是军队的管理，也离不开"文德"。诸葛亮治军就主张"道（导）之以德，齐之以礼"（《将苑》），军队的教育与管理，也是"文德"的内容。

中国古代管理思想，包括治国、治军、治吏的思想，有精华，也有糟粕。吸收古代管理智慧，要注意区分精华与糟粕，不能一概而论，兼收并蓄。我国管理学家潘承烈教授指出，限于历史的局限，古代管理思想中，也存在一些负面的影响。主要有：（1）重牧（管、驭）民，而轻视人民自主的倾向；（2）重生产（农业）、轻流通（商业）的倾向；（3）重理想、理论，而轻视实际、现实的倾向；（4）安于继承，守先王之礼，缺少勇于革新的倾向。（《振兴中国管理科学》，57～72页，北京，清华大学出版社，1997）这些看法，对于我们正确理解《三国演义》中的管理思想，"取其精华，去其糟粕"，是有益处的。

二 曹操设"五色棒"重法

法治，是中国法家的治国思想，在中国历史上历来受到人们的重视。在春秋战国时期，百家争鸣就出现了法治思想。春秋齐国的管仲实行法治，帮助齐桓公成就了霸业。战国时期韩国的韩非是法家思想的集大成者，此后，著名的法家有李悝（kuī音）、商鞅、李斯等人。他们的思想帮助秦朝强盛，统一了中国。战国时的吴起，是兵家，也是法家，他帮助魏国实行法治，获得巨大成功。

在三国的治理中，实行法治的人很多，著名的有曹操、诸葛亮等。下面我们举例分析这一问题。先说曹操设五色棒的故事。

公元174年，20岁的曹操，被乡里推举为孝廉。孝指孝子，廉指廉洁之士，后来合称为孝廉。汉朝主张德以孝为先。孝廉是西汉时从下层推举官吏的一种制度，士人被举为孝廉，就可以入朝为郎，是做官的一个捷径。曹操被朝廷任命为议郎，经尚书右丞相司马防（司马懿父亲）的推荐，出任洛阳北都尉，负责洛阳北部地区的治安工作，开始走上仕途。

洛阳是当时东汉的都城，那里有皇亲国戚，有官宦豪绅，常常目无法纪，胡作非为，搞得社会不得安宁。曹操在此作个尉官，并非容易。但是，他却很有作为。曹操"初到任，即设五色棒十余条于县之四门。有犯禁者，不避豪贵，皆责之。中常侍（皇帝的侍从官）蹇硕之叔，提刀夜行，操巡夜拿住，就棒责之。由是，内外莫敢犯者，威名颇震"。（第1回）中常侍蹇硕是当时朝中权势显赫的十常侍之一。中常侍蹇硕之叔，提刀夜行犯禁，曹操敢于严厉惩处，所以威名大震。从此"京师敛迹，莫敢犯者"，治安状况大为好转。

曹洪是曹操的堂弟，他的宾客违了法，长社（今河南长葛）县令杨沛不管曹洪与曹操的关系，严厉执法，将违法者，先打折其脚，不服，又杀之。曹操钦佩杨沛执法如山的精神，对杨沛"以为能，累迁九江、东平、乐安太守"，后又让杨沛当了邺令。吓得曹洪等人，"遣家骑驰告弟子，使各自检敛"。

曹操改革弊政，立法抑制兼并

东汉末年，豪强地主大肆兼并土地。袁绍占领冀州后，更对其部属及辖区内的豪强采取放纵态度，任其凌压百姓，使农民更趋贫困。建安九年（公元204年）八月，曹操攻破邺城，抄没审配的家财，就达数以万计。此年曹操过了50岁生日，自感渐近老年，十分忧虑国家的混乱不治。为巩固新占区的秩序，针对袁绍时期的弊政，下令整顿。这是曹操实行法治的一部分。

九月，曹发布了《河北租赋令》：指出"河北罹袁氏之难，其令无出今年租赋！"于是下令将袁绍的租赋令废除。对恢复河北农业生产，争取民心，是及时的措施。接着，曹操又颁布了一道《抑兼并令》：针对"袁氏之治也，使豪强擅恣，亲戚兼并；下民贫弱，代出租赋"的情况，曹操公布了征收租赋的定额，不许豪强大户逼迫百姓去交双份租赋。地税原据收获量按比例征收，曹操则改为按亩的定额征收，照顾贫富分等收税；《抑兼并令》限制了多占地的豪强偷税漏税；也相应照顾了农民的利益，因此成效显著。

三 诸葛亮审势立法，依情执法

上面说的是曹操执法的故事。法，包括执法，也包括立法。法是维护统治阶级意志，维护政权的工具。法要依据情势的发展而变化。汉末的乱世，汉时的法，已经不再适应于当时的客观情况，所以，有农民造反，有诸侯割据，有新的政权出现。新政权的第一件事，就是确立新法。诸葛亮治蜀，就是创立新法。

诸葛亮负责治理益州，邀请益州的李严、法正、刘巴和荆州来的尹藉共同商定了一个"律科"，作为蜀国的大法。针对刘璋治蜀"德政不举，威刑不肃"，官僚与豪强勾结，鱼肉百姓。实行了"先理强，后理弱"的策略，以扭转乱局。"理强"，就是厉行法治，限制和打击专权的官僚和豪强；"理弱"，就是扶植农民，发展生产。诸葛亮实行法治，出发点是安民，打击特权，巩固蜀汉政权的权威。法正当时因献蜀有功，被刘备封为蜀郡太守，也是成都地区的豪强之首，刘备很敬重他。他对诸葛亮"刑法峻急"提出建议说："昔高祖入关，约法三章，秦民知德，今君假借威力，跨据一州，初有其国，未垂惠抚，且客主之义，宜相降下，愿缓刑弛禁，以慰其望。"对此，诸葛亮专门作"答法正书"回答如下：

君知其一，未知其二。秦以无道，政苛民怨，匹夫大呼，天下土崩，高祖因之，可以弘济。刘璋暗弱，自（刘）焉已来有累世之恩，文法羁縻，互相承奉，德政不举，威刑不肃。蜀土人士，专权自恣，君臣之道，渐已陵替；宠之以位，位极则贱，顺之以恩，恩竭则慢。所以致弊，实由于此。吾今威之以法，法行则知恩，限之以爵，爵加则知荣；恩荣并济，上下有节，为治之要，于斯而著。（《三国志·蜀书·诸葛亮传》裴注引）

诸葛亮的回答，语意精辟，深刻，深得法治之要领。其中告诉我们：法要审势而立。刘邦入关中，以"约法三章"，废除了秦朝的繁杂苛政。当时刘邦召集诸县父老、俊杰说："父老苦秦苛法久矣！吾与诸侯约，先入关者王之，吾当王关中（即将为关中王）。与父老约法三章耳：杀人者死，伤人及盗抵罪。余悉除去秦法，诸吏民案堵如故。凡吾所以来，为父老除害，非有所侵暴，无恐。"使人与秦吏到各县、乡、邑告之，秦民大喜。（《资治通鉴》卷九·汉纪一）这是刘邦面对乱世，为求共识而废除苛政，立宽简之法，以安定天下。刘焉入蜀，一味施行恩惠、宽松之法，已经历时很久了，结果造成无力管理豪强贵族，他们专权自恣，各自为政，君臣之道，渐已陵替。有法不行，等于无法，形成软弱无威的"弛世"。所以，诸葛亮面对"弛世"，治蜀要矫枉过正，既不效法刘邦进关中，也不能延续刘璋旧政，而立竿见影地实行"严刑峻法"，整肃政风，恢复经济。实行"恩荣并济，上下有节"，这才是"为治之要"。实践证明，诸葛亮的决策是正确的，百姓拥护，社会安定。

上面关于曹操、诸葛亮严格执法的故事，给我们如下启示：

法是重要的。法，是体现统治阶级意志，由国家制定或认可，受国家强制力保证执行的行为规则的总称，包括法律、法令、条例、命令、决定等。在人民当家做主的今天，法就是人民意志的体现，是任何人不可侵犯的；法是行为规则，就是要人们遵守执行的。有了法，管理才有章可循，社会秩序才会井然。

秦朝的李斯帮助秦始皇实行法治，统一了中国。汉朝初年的萧何推行法治，如分封诸王，朝廷铸钱；盐铁官营；施行三十亩税一的田租；尊儒学，设立官学，规定了士人进入仕途的办法等。对巩固统一政权起了重要作用。（范文澜：《中国通史》（第2册），55~64页，北京，人民出版社，1963）

法，法律，具有权威，具有强制力。人的行为需要有约束。法律是高于自律的一种强制约束力。自律，是以思想道德，约束自己的言行，具有自觉性；他律，是依靠外在的、强制的力量，约束人的行为，属于刚性管理，没有疏通余地。当然，法律的强制性，是建立在法律使大多数人所认可的前提下的。法的本质特征是威，是严。有威有严才能产生强制力。

法是靠人去实行的。公平、公正、透明，是执法的原则。要做到有法可依；有法必依；执法必严；违法必究。重事实，重证据，依法断案，体现"法律面前人人平等"的原则。实行法治，前提是健全法制，完善法治体系，做到有法可依；基础是提高全民的法制观念，守法意识；关键是提高各级执法人员的素质，正确审案断案，体现执政为民的原则。

以文德治国，要讲法，还要讲德。既要做到依法治国，还要做到以德治国。

德治与法治是相辅相成的。法律与道德作为上层建筑的组成部分，都是维护社会秩序、规范人们思想和行为的重要手段，它们互相联系、互相补充。法治以其权威性和强制手段规范社会成员的行为，属于政治文明范畴；德治以其说服力和劝导力提高社会成员的思想认识和道德觉悟，属于精神文明范畴。二者共属于上层建筑领域，道德规范和法律规范互相结合，统一发挥作用，这是现在的认识。古时的德指道德伦理，法指刑罚，与今天的德治法治是有本质区别的。

关于"以德治国"

在中国古代，没有"以德治国"的提法，只有"德政"、"仁政"，行"王道"，反对穷兵黩武的"霸道"学说。这种德治的思想，源自儒家的"仁政"思想。

孔子在《论语》中说："为政以德，譬如北辰，居其所而众星共之。"（《论语·为政》）就是说，统治者应以道德原则处理事务，治理国家。君王本身应是有道德之人，如同北极星一样，众星就会围绕着你。这是说施政的指导思想上，以道德原则治国。其次是重视教化的思想，孔子说："道之以德，齐之以礼，有耻且格。"（《论语·为政》）就是说，用仁德来引导，用礼教来整肃，百姓心有廉耻，行为端正，重视教化，使百姓知廉耻而自律。

战国时期的孟子继承了孔子"仁者，爱人"的思想，把仁爱与管理结合，提出了"仁政说"，成为治国的理论。孟子说："不以仁政，不能平治天下"；"国君好仁，天下无敌"。（《孟子·离娄上》）孟子主张"行仁政"，突出的是对待百姓的态度。荀子赞同孟子的思想，主张"王道"，提倡"礼治"。荀子的"礼治"思想，主要是"礼法"，包括维护封建统治的尊卑等级等，与韩非重"刑罚"不同。他也十分重视民的作用，提倡敬德保民。

并反复强调："君者，舟也；庶人者，水也。水则载舟，水则覆舟。"
（《荀子》）

概括起来，儒家"为政以德"，"行仁政"，是"以德治国"的思想源头。这是儒家的政治主张。其核心是施仁政。包括民为邦本的德政思想；道德是立身之本的吏德思想；教民以礼，德教为先的教化思想。这对于维护国家统一、社会安定，起了积极的作用。但这里的"德"，是指封建道德。汉代主张"以孝治天下"，德以"孝"为先。宋代以"三纲五常"为伦理道德，"五常"即仁义礼智信等，都是以维护君王统治为目的的封建伦理道德。在实际执行中，历来的统治者，都是外儒内法，刑德并用。

道德，是人们共同生活的行为准则，是受经济关系决定的，具有阶级的属性。不同的阶级，有不同的道德观。法律也是一样。因此，我们今天说的法治的法，德治的德，与古代的法、德是有本质不同的。剔除其维护封建君王统治的糟粕，用马克思主义的世界观，结合现代的时代特征进行科学的改造，换上维护最大多数人民的根本利益的内核，就是我们今天所说的法与德。一句话，外形相似，内核不同。我们今天实行"依法治国"，也实行"以德治国"，其内涵是吸收了中国传统治国理念的精华而发展的，与古时的法治、德政是有本质区别的。

五 诸葛亮治理蜀国实行德政

《三国演义》第 87 回说，蜀汉建兴三年（公元 225 年），由于诸葛亮实行"务农植谷，闭关息民"，"以民安为本"政策，使"两川之民，欣乐太平，夜不闭户，路不拾遗"，"幸连年大熟，老幼鼓腹讴歌"，"米满仓廒，财赢府库"，一派兴旺景象。这是诸葛亮实施德政的结果。

诸葛亮治国，是重法治，也重德治的。诸葛亮在《便宜十六策》中，主张"君以施下为仁，臣以事上为义"，从为君、为臣两个方面论述了治国施仁政的问题，也就是德政问题。诸葛亮行德政，最突出的，就是攻伐南蛮，平定南中，对蛮王孟获七擒七纵的故事。

南蛮是不太开化的部落民族，恃其地远山险，对汉朝不服久矣。诸葛亮从北伐中原的大局出发，认为建设稳定的南中事关重大，亲自率兵平定南中。确定了"攻心为上"的方针，反复告诫部下诸将：吾"欲服其心，不欲灭其族"的战略意图，说服部属，要不避艰险，要不嫌劳苦，重在打政治仗，用心报效国家。在做了充分准备之后，传令三军，务求"攻心为上，攻城为下；心战为上，兵战为下"。以武力征服平其乱；以恩德感化服其心。使南蛮终世不叛，为朝廷所用。

孟获虽然反叛朝廷，但他有能力，通晓兵法，为当地汉人、夷人所服，有一定威信。所以诸葛亮采取德威并用，决计收降孟获。蛮夷部落，勇猛好战，首先必须在军事上征服他们，但多用伏击战法，尽量多俘获，少杀伤。诸葛亮动用了蜀军的主力，分三路大军，首先迅速消灭了雍闿、朱褒、高定等反叛势力，孤立了蛮王孟获；进而深入蛮境，孟获的三洞元帅等本部人马，孟获的亲族、妻弟等八蕃洞主，孟获的盟邦乌戈国借来的藤甲军等，先后被俘、被灭。孟获的亲兵、宗党、兄弟妻子全部被俘后，均被优待释放，支撑其反叛的全部势力被瓦解殆尽，孟获才最终心服口服。通过七擒七纵，使蛮族部落上下，认识到朝廷的威力智谋无法抗拒，朝廷的恩泽感化政策，真诚守信，他们终于拜服于诸葛丞相帐前，说："南人不复反矣！"

诸葛亮在平定南中过程中，从三月出发，到十二月返回成都，历时近十个月。有武力的威服，有智谋的胜服，最终以恩服人，以信服人，以道义制胜。比武力、智谋更强大的是精神的感召力，政策的感召力。对被擒获的蛮兵，一概不究，赐以酒食，规劝回家；除死硬顽抗者坚决消灭之外，对可以争取的首长、洞主、宗党，一律施以宽大，令其归顺。由于诸葛亮的宽大感化，平等待人，军队所到，秋毫无犯，使得土人愿意做向导引路，使得隐居于蛮地的高士愿意提供医药秘方或指引道路，帮助蜀军渡过泸水、毒泉。平定南中的过程，是诸葛亮对少数民族实行尊重与和抚政策的过程。成为诸葛亮以德治国的成功实践。

当孟获被真心感动，拜服在诸葛亮面前，说："七擒七纵，自古未尝有也。吾虽外化之人，颇知礼仪，直如此无羞耻乎？""某子子孙孙皆感复载生成之恩，还能不服吗？"于是孔明令孟获永为洞主，所夺之地，尽皆退还。并且做了一系列的善后工作，重整了行政区划，在南中"不留人，不运粮"，让当地民族自己管理自己，"与（其）相安于无事而已"。实现了"夷、汉粗安"的政治局面。（第87～90回）因此，诸葛亮被南人称为仁人，设立生祠，世代祭祀。

六 曹操实行德政

再说说魏国，曹操为人善权谋，有霸王思想，如说："宁教我负天下人，休教天下人负我。"（第4回）狠的时候，杀人如麻。但是曹操也有讲道德的时候，这主要在曹操的早年。如曹操刚占兖州，被天子封为兖州牧。以东平毕谌为别驾（州刺史的佐吏）。后来张邈反叛曹操，同时劫走了毕谌的母弟妻子。曹操对毕谌说："卿老母在彼（张邈处），可去。"毕谌表示决无二心，则去。可是毕谌则一去就不回来了。等到曹操打败了吕布，毕谌被生擒。大家都为毕谌的生死担心。曹操却说："夫人孝于其亲者，岂不亦忠于君乎！吾所求也。”于是曹操没有责怪毕谌，命毕谌为鲁相。

曹操三次南征张绣，第一次失败，第二次胜利，第三次互有胜负，为平手。建安四年（公元 199 年）曹操与袁绍在官渡对峙。袁绍要拉拢张绣一起对付曹操。当时袁绍势力强大，张绣在谋臣贾诩的建议下，拒绝了袁绍的来使，率部到许都投归曹操。张绣知道曾与曹操结下冤仇：曹、张争战中，张曾把曹操打得大败，曹操的儿子、侄子及爱将典韦都死在张绣手下。但张绣还是听从了贾诩的有远虑的劝告，投奔了曹操。曹操十分高兴，拉着张绣的手，为之设宴款待，并立即任命张绣为扬武将军。曹操还为其子曹均娶了张绣的女儿，两人作了儿女亲家。化敌为友，冰释了恩怨。曹操对谋臣贾诩自然也是亲密异常，拉着贾诩的手说：“使我取信于天下者，子也。”张绣十分感激曹操对他的信任，每次战斗都异常英勇，官渡之战立有大功，被提升为破羌将军。曹操对张绣的信任也是始终如一，对张绣的封赏总是超过其他将军。（《三国志·魏书·张绣传》）

曹操善待俘虏来的关羽，“三日一小宴，五日一大宴”，封关羽为汉寿亭侯，赏重金。这当然是为了爱惜关羽的才能，使关羽真心归附曹操。但是，当关羽打听到刘备的下落后，依然“挂印封金”，离开曹操，去到当时曹操的对立面袁绍处去找刘备。曹操虽然不舍，还是遵守当初答应过关羽的话：“如知刘备下落，必还”这一诺言，放关羽走；关羽因没有过关的文凭，而过五关斩六将，曹操也没有追究。这是曹操的重义守信。

曹操罗致的人才中，不仅有治国用兵之才，还有不少文学之士。提倡在士民中进行儒学教育。一为整肃民风，二为培养俊才。

建安八年（公元 203 年）曹操统一北方后，曾下令曰：“丧乱以来，十有五年，后生者不见仁义礼让之风，吾甚伤之。其令郡国各修文学，县满五百户置校官，选其乡之俊而教学之，庶几先王之道不废，而有以益于天下。”（《三国志·魏书·武帝纪》）在曹操的鼓励下，文学之士会聚于邺城，为曹操所任职，从事文学创作，写出许多好作品，使建安的文学出现了空前繁荣的局面。

七 诸葛亮挥泪斩马谡的故事

诸葛亮治蜀实行德治，也实行法治，实行德法互济之治。诸葛亮在治军中，实行信赏必罚，"尽忠义时者虽仇必赏，犯法怠慢者虽亲必罚"（陈寿语）。实行的是恩威并用之法。

诸葛亮有一则"挥泪斩马谡"的故事，十分教育人。据《三国演义》第95、96回记载：诸葛亮在第一次北伐时，趁北魏雍、凉守备薄弱，进兵迅速，南安、安定、天水三郡，相继被蜀军占领，其中也包括一个通往汉中的咽喉要地街亭在内。魏朝廷上下震动。魏主曹睿只得重新启用被贬在家的大将司马懿。司马懿善用兵，亲率20万大军，避过蜀军的前锋，直指战略要地街亭。诸葛亮深知司马懿，听此消息大惊："今司马懿出关，必取街亭，断吾咽喉之路。"便问："谁敢引兵去守街亭？"言未毕，参军马谡曰："某愿往。"孔明曰："街亭虽小。干系甚重，倘街亭有失，吾大军皆休矣。汝虽深通谋略，此地乃无城郭，又无险阻，守之极难。"谡曰："某自幼熟读兵书，颇知兵法，岂一街亭不能守耶？"坚决要去，并说"若有差失，乞斩全家"，遂立了军令状。孔明因面对司马懿和名将张郃，拨给马谡二万五千兵，再拨上将王平相助。临行嘱咐马谡和王平"谨守此地，下寨必当要道之处，使贼兵急切不能偷过"。并要求安营既毕，画出地形图本报来。"凡事商议停当而行，不可轻易。如所守无危，则是取长安第一功也。戒之！"又派高翔带一万兵屯扎列柳城，"但街亭危，可引兵救之"。

马谡到街亭后，自以为是，不按照诸葛亮的部署行事，放弃"当要道扎营"，却把大营安在附近的一座布满树木的孤山之上，认为凭山高有险，攻之可势如破竹。王平规劝说："参军差矣：若屯兵当道，筑起城垣，贼兵总有十万，不能偷过；今若弃此要路，屯兵于山上，倘魏兵骤至，四面围定，将何策保之？"马谡说："兵法云：'置之死地而后生。'若魏军绝我汲水之道，蜀军岂不死战？一可当百。"王平无奈，请领五千人马，自去下寨，以成掎角之势。果不然，魏司马懿大军骤至。派重兵先断了马谡的汲水道路，然后放火烧山。蜀军无水，不战自乱。在王平等的救援之下，马谡下山突围而走，损失惨重。街亭自然丢失。蜀军全面被动。

马谡自知大错，自缚请罪。诸葛亮虽与马谡关系好，也深爱其才，但军法无情，他拒绝了部属为马谡求情的意见，依然挥泪斩了马谡。街亭乃通往汉中的咽喉重地，魏军势重，诸葛亮无奈，迅速退回汉中，不久，安定、南安、天水三郡，又相继归附曹魏。诸葛亮北伐的计划落空。诸葛亮向后主引咎请罪，上表自贬丞相之职。后主则贬诸葛亮为右将军，行丞相事，统军如故。

在此需要为马谡说几句话。马谡是诸葛亮的好友马良的弟弟。兄弟俩都是有才之士。据《三国志》裴松之注引《襄阳记》说：蜀汉建兴三年（225年）诸葛亮南征，马谡送行。诸葛亮征询他对南征问题的意见，马谡讲了如下的话："南中恃其险远，不服久矣。虽今日破之，明日复反耳……夫用兵之道，攻心为上，攻城为下，心战为上，兵战为下。愿公服其心而已。"诸葛亮听取了，并写入南征的教令之中。在《三国演义》第87回也有记叙。在诸葛亮北伐之前，担心司马懿守雍凉，难以对付。马谡给诸葛亮献策："司马懿虽是魏国大臣，但曹睿素怀疑忌。何不密遣人往洛阳、邺郡等处，布散流言，道此人欲反。更作司马懿告示天下榜文，贴遍诸处，使曹睿心疑，必然杀此人也。"孔明从之。结果曹睿中计，贬司马懿回乡。（第91回）说明马谡是个谋略之士。马谡死时39岁，诸葛亮当时已48岁，马谡是诸葛亮的重要助手，但统兵经阵，并非其所长。何况他也绝非老谋深算的司马懿的对手，街亭之失有必然性。尽管年轻人有勇于临难的豪气，但确实犯下不可饶恕的错误。马谡之死实在是"国小人少"的蜀国的一大损失。此后在前线给诸葛亮出谋献计的除了姜维、杨仪，几乎无人。诸葛亮能不悲伤吗？

八 法德互济，恩威并用

诸葛亮挥泪斩马谡，给人的教育启示很多。

军法重如山。法令军纪是军队的生命。军中无戏言。法令如山，令行禁止，军队才有战斗力。有法必依，执法必严。当参军蒋琬从成都至，见武士欲斩马谡，高叫"留人！"入见孔明曰："今天下未定，而戮智谋之臣，岂不可惜乎？"孔明流涕而答曰："昔孙武所以能制胜于天下者，用法明也。今四方分争，兵交方始，若复废法，何以讨贼耶？合当斩之。"孙子在兵法中，将"赏罚孰明"作为军队制胜的条件之一。诸葛亮用法严明，是蜀军人数虽少但战斗力强的原因。

执法不避亲。前面说过，诸葛亮与马谡有着良好的私人关系。好友马良在夷陵战役中牺牲后，诸葛亮对其弟马谡特别爱护，有着意培养之心。所以，经过平定南中对马谡为参军的考察后，第一次北伐时，命马谡为中参军、安远将军，排位在其他将军之前。街亭战败后，马谡自缚跪于帐前。孔明变色曰："今败军折将，失地陷城，皆汝之过也。若不明正军律，何以服众？汝今犯法，休得怨吾，汝死之后，汝之家小，吾按月给予禄粮，汝不必挂心。"（第 96 回）诸葛亮按照违法必究的原则，执法不避亲，斩了马谡。为严明军律，树立了榜样。

执法者贵自律。孔明见马谡被斩，大哭不已。蒋琬问孔明何故？孔明曰："吾非为马谡而哭，吾想先帝在白帝城临危之时，曾嘱吾曰：'马谡言过其实，不可大用。'今果应此言，乃深恨己之不明，追思先帝之言，因此痛哭耳！"（第 96 回）诸葛亮自认有用人不当之责，请求自贬三等。在《诸葛亮集》中收录有《街亭自贬疏》："臣以弱才，叨窃非据，亲秉旄钺以厉三军，不能训章明法，临事而惧，至有街亭违命之缺，箕谷不戒之失，咎皆在臣，授任无方。臣明不知人，恤事多暗，春秋责帅，臣职是当。请自贬三等，以督厥咎。"

既要尚法，又要崇德。诸葛亮对马谡的执法是严格的，但也是讲德讲义的。诸葛亮是怀着深深的怜爱之心，为顾大局而执法的。为此他悲伤大哭。在《三国演义》中是这样描述的。马谡曰："丞相视某如子。"诸葛亮挥泪曰："吾与汝义同兄弟，汝死之后，汝之家小，吾按月给予禄粮，汝不必挂心。"诸葛亮的作为，使周围"大小将士，无不流涕"。起到了以德育人的效果。（第96回）

德法互济，恩威并用。孔子在《论语·为政》中说："道之以德，齐之以礼，有耻切格。"就是为政，要用仁德来引导，用礼法来整顿，百姓不仅有廉耻之心，而且人心服正。这是说，德治，道德教育在先，礼法约束在后，使人自觉自律，为政的效果最好。

法家的法治，主张信赏必罚，通过赏罚为手段，维护君王的权威；对下属官吏，对庶民百姓，有功则赏，有过必罚，罚则示威而禁奸，赏则施恩而兴功，恩威并用，激人奋进。倡导功利，成就事业。

诸葛亮说明了面对劲敌的形势之后，问"谁敢引兵去守街亭？"马谡首先自告奋勇，要去迎敌，并立了军令状。这是为国求战的勇气和信心，是对蜀国事业的忠诚。诸葛亮说："如所守无危，则是取长安第一功也。"那就会依军令状受赏；所守未成，"倘街亭有失，吾大军皆休矣。"因性质严重，必当受到重罚。马谡失败，受到重罚，但并不否认马谡对蜀汉的忠诚，所以，诸葛亮忍痛挥泪斩了马谡，又担负起照料马谡家小的责任，可谓尽朋友之义，施国家之恩。诸葛亮的处理方法，既整肃军纪，又教育部属，是法中有德，情理法相通。

对国家的治理，德法互济；对官吏的管理，恩威并用。从古至今，这种管理思想，依然发挥着作用。德中有法，施恩不倦，但绝不得超过法的限度；法中有德，依法约束，但执法要宽严适度，公平公正，合理合情。将思想教育与法纪约束结合起来，将施恩感化与威刑惩治结合起来，有柔有刚，有宽有猛。治国方略的实施，要依靠施政艺术，要采取合适的施政方法。

九 赤壁之战的决策故事

赤壁大战前夕，曹操南下，占领荆州，孙权手下的有识之士，已有了联合刘备以共同对付曹操的打算。此时曹操派人给孙权送去了一封信：

"孤近承帝命，奉词伐罪，旌麾南指，刘琮束手；荆襄之民，望风归顺。今统雄兵百万，上将千员，欲与将军会猎于江夏，共伐刘备，同分土地，永结盟好。幸勿观望，速赐回音。"（第43回）

这实际上是曹操向孙权下的一封战书。"奉词伐罪"就是奉天子之命讨伐有罪，理直气壮；"旌麾南指，刘琮束手"，大军南下，席卷荆州，刘琮不战而降。"统雄兵百万"，另一说"治水军八十万众"，虚张声势，对孙权进行恫吓，希望孙权做刘琮第二，摄于兵威，不战而降；"与将军会猎于江夏"，将一场恶战比喻为会猎，以示自己胸有成竹，傲视东吴。

这封信送到柴桑后，孙权很冷静，将这封信拿给众人看，"会众商议未决"。众多文臣武将，连孙权母亲吴国太也参加了讨论。后来鲁肃领刘备方的诸葛亮也参与其中。

讨论主要有两种意见：主和的，主战的。文臣主和，以老臣张昭为代表；武将主战，以周瑜、鲁肃、黄盖为代表。

张昭曰："曹操拥兵百万，借天子之名，以征四方，拒之不顺。且主公大势可以拒操者，长江也。今操既得荆州，长江之险，已与我共之矣，势不可敌。以愚计之，不如纳降，为万安之策。"又说："主公不必多疑。如降操则东吴民安，江南六郡可保。"

鲁肃单独对孙权说："众人皆可降曹操，惟将军不可降曹操。""将军降操，欲安所归乎？位不过封侯，车不过一乘，骑不过一匹，从不过数人，岂得南面称孤哉！"孙权自然不愿降曹，赞同鲁肃观点。但"恐势大难以抵敌"而犹豫未决。

问计于孔明，孔明说："刘豫州新败，然有关羽率精兵万人，刘琦领江夏战士，亦不下万人。曹操之众，远来疲惫；近拒豫州（刘备），轻骑一日夜行三百里，此所谓'强弩之末，势不能穿鲁缟'者也。且北方之人，不习水战。荆州士民附操者，迫于势耳，非本心也。今将军诚能与豫州协力同心，破曹军必矣。操军破，必北还，则荆、吴之势强，而鼎足之形成矣。成败之机，在于今日，惟将军裁之。"

孙权听了诸葛亮的分析，说："孤不能以全吴之地，受制于人。吾计决矣。"

吴国太问孙权的意见，孙权说："欲待战来，恐寡不敌众；欲待降来，又恐曹操不容。"见孙权犹豫不决，吴国太乃说："伯符（孙策字）临终有言：内事不决问张昭，外事不决问周瑜。何不请公瑾（周瑜字）问之？"

孙权遣使往鄱阳请回正在训练水师的周瑜议事。

周瑜的态度是："江东自开国以来，今历三世，安忍一旦废弃！"周瑜分析了江东的有利条件：将军以神武雄才，仗父兄余业，据有江东，兵精粮足，正当横行天下，为国家除残去暴，讨伐汉贼曹操。分析曹操用兵江东犯有四忌：一是北土未平，马腾、韩遂为其后患，而操却久于南征；二是北军不习水战，却与惯于水战的东吴争衡；三是隆冬盛寒，马无蒿草；四是中原士卒，不合水土，多生疾病。"操兵犯此数忌，虽多必败。将军擒操，正在今日。"周瑜愿请领兵数千，进屯夏口。"臣为将军决一血战，万死不辞。"（第43、44回）

于是，孙权赠宝剑与周瑜，封周瑜为大都督，程普为副都督，鲁肃为赞军校尉。联合刘备，与操决战。于是有了赤壁大捷，天下三分。

这是一个成功的民主决策的过程。一是文武各方的真知灼见，包括诸葛亮的远见；一是孙权的英明决断。孙权采取的是风险决策，集众人之智，成就了一番伟业。

孙权赞同了主战派的意见，否定了主和派张昭的意见。对于张昭老臣的"万安之策"，裴松之在《三国志·张昭传》中作注，分析说：

臣松之以为，"张昭劝迎曹公，所存岂不远乎……鼎峙之计，本非其志也。曹公仗顺而起，功以义立，冀以清一诸华，拓平荆郢，大定之机，在于此会。若使昭议获从，则六合为一，岂有兵连祸结，遂为战国之弊哉！虽无功于孙氏，有大当于天下矣。"当然，若孙权采张昭之谋，举全吴降曹，削吴为藩，自然没有后70年的三国征战，历史将是另一种写法了。可见领导人的决策至关重要。

十 《三国》纳谏与领导民主

（一）发扬民主在《三国演义》中的体现

三国时期，没有"民主"一词，那时只讲"君主"，一切由君王说了算。但是，开明的君王每临大事，都要虚心听取大臣的意见，此称"纳谏"，使大臣、谋士的意见被采纳，含有今天所说"民主参与"之意。这样的事在《三国演义》中的例证很多。除上述事例外，曹操"挟天子而令诸侯"的决策，"修耕植以蓄军资"的决策，官渡之战乌巢烧粮的决策等等，都是听取了下属、谋士的意见后做出的。孙权"借荆州"、偷袭荆州、夷陵之战启用陆逊的决策等，都是听取了鲁肃、吕蒙、阚泽等意见取得的。蜀国的刘备听诸葛亮的意见取荆州，采纳庞统之谋进西川，用法正之谋取汉中等，都是诚恳纳谏的成功。

诸葛亮在论述治国之道、为君之道的《便宜十六策》中，写有一篇叫"视听"，说："为政之道，务于多闻。""人君以多见为智，多闻为神。"还有一篇叫"纳言"，说："纳言之政，谓为谏净，所以采众下之谋也。"此说，就是有点民主的成分。

也有许多反证，作统帅的不能虚心听取下属意见导致大败的。典型的如刘备伐吴的夷陵之败；曹操在赤壁之战中，不听程昱、荀攸防备火攻的建议，以致失败。

（二）关于正确领导需要实行民主之议

民主决策，这是我们现在的说法。我们学习古代智慧，要"因其旧意，阐发新意"而联想到的体会。古时对于开明的君主，为了减少失误，一般都要先听听大臣的意见，这叫做"纳谏"，希望能有敢于说真话的"直臣"、"忠臣"。君王能够"纳谏"，就是采纳臣下的意见，具有今天所说的"民主"的意思。但和今天的民主是有本质区别的。上述所提到的君王纳谏的故事，为便于吸取其"民主性精华"，而称之为"民主"，这是必须说明的。

实行领导需要发扬民主。何为"领导"，一是率领，带领；二是引导，指导。"领导"就是带领群众走好路，走正确的道路。既要"领"好，又要"导"好，就要发扬民主。

领导的重要职责之一是出主意。如果主意不正确，就会领错了路，做工作就要受损失，打仗就要打败仗。要努力保证出的主意是好的，是群众满意的，领导人就要发扬民主，广泛听取大家的意见，集思广益，形成正确的主意或办法，再交给大家讨论，修改，再作出决定，交给大家去执行。这就是一个由民主到集中的过程。善于发扬民主，就是善于给大家提供宽松的发表意见的机会或讲台，创造平等讨论的氛围，允许人讲话，允许人提意见，不带成见，不扣帽子，即使是错误的意见也允许讲出来，经过比较，按照正确的方案去执行。一句话，形成一个正确的意见必须发扬民主，必须虚心听取各方面的意见，重大的问题，还应该经过适当的民主程序作出决定。从《三国演义》的故事中，凡是能够认真采纳下属或谋士的计谋时，领导人（君主、将军）的决策就比较正确，就能够打胜仗。换言之，能够"纳谏"的领导人，就是好的领导人，开明的领导人。

领导的关键职责是作决断。从上述孙权决计联刘抗曹所作的决断，曹操乘危远征所作出的决断，说明领导人不仅要善于让别人发表意见，还必须善于决断。既要多谋，又要善断，才是好领导。诸葛亮在论述"斩断"时说过"当断不断，必受其乱"。是个正确的观点，对领导素质而言，非常关键。《三国演义》中，有个重要人物袁绍，在官渡之战中，他兵多将广，谋士成群，实力远远大于曹操。他也多谋但却难断，因而耽误时机，难以成事，所以败在曹操手下。袁绍手下的谋士许攸，得知曹操军中无粮的书信，

文韬篇 人在精神国在魂

建议袁绍"今操粮草已尽，正可乘此机会，两路夹击"。袁绍不用，却说："曹操诡计多端，此书乃诱敌之计也。"并怀疑许攸是为操作奸细。逼得许攸背袁投曹，并建议曹操突袭袁绍屯粮重地乌巢。尽管在此关键时刻，许攸又是来自处于敌对状态的袁方，但曹操则"重待许攸，留在寨中（以备观察之）"。曹并不在乎许攸所述之谋，因为"吾已欲劫寨久矣"，他看重的是许攸提供之机："（乌巢）今拨淳于琼把手，琼嗜酒无备；公可选精兵诈称袁将蒋奇领兵到彼护粮。"于是曹操立即准备，并亲自出马，突袭乌巢。结果"乌巢粮尽根基拔"，袁绍一败涂地。（第30回）曹操善于明断才是大智。袁绍"多端寡要，好谋无决，欲与共济天下大难，定霸王之业，难矣！"（《三国志·魏书·郭嘉传》）郭嘉正是看透袁绍"好谋无决，难以成事"，才从袁绍手下，投奔到曹操身边。

"抓住主要矛盾"是正确决断的关键。如何既要发扬民主，又能善于决断，既能多谋，又必须抓住关键，这是对领导能力的考验。一个重要的方法，就是毛泽东所主张的"抓主要矛盾"。毛泽东在《矛盾论》中说："如果是存在两个以上矛盾的复杂过程，就要用全力找出它的主要矛盾。捉住了这个主要矛盾，一切问题就迎刃而解了。"为此，在工作方法中，毛泽东要求对主要问题要"胸中有数"，对关键时机的关键行动一定要"抓紧"。用现代企业家的话：看准了方向，"立即行动"。孙权抓住的是"不能亡国"的主要矛盾，抓住"曹军是强弩之末"之机，于是决断战则存，并立即行动，派将授权；曹操北征乌桓，抓住"剪除袁氏残余，北方才稳"的主要矛盾，抓住对方"远而无备"之机，作了决断，立即行动。终使决断付诸行动，抓住战机，一举而胜。

从群众中来，到群众中去，集中起来，坚持下去。这是我们坚持民主，正确决断的主要方法。正确处理民主与集中的关系，正确处理领导与群众的关系，坚持"从群众中来，到群众中去"的工作方法，是我们党长期积累的成功经验，也是实行民主政治的基本原则与方法，也就是民主集中制的原则和方法。

美国作家约翰·奈斯比特，曾因所著预言未来的《大趋势》一书而闻名世界。最近有新著《中国大趋势》问世，从世界的角度来看中国，其中之一是看中国所实行的民主政治。书中认为："中国政府自上而下的指令与中国人民自下而上的参与，正在形成一种新的政治模式，我们称之为'纵向民主'。支撑中国新社会长治久安最重要、最微妙也是最关键的支柱就是自上而下与自下而上力量的平衡。这是中国稳定的关键，也是理解中国独特的政治理念的关键。"（［美］约翰·奈斯比特等：《中国大趋势：新社会的八大支柱》，魏平译，67 页，中华工商联合出版社，2009）也可以作为从西方人的视角，对我们民主政治，对民主集中制原则的一种解读。

十一 "先和造大事"，和是民族魂

（一）"先和造大事"

这是《吴子兵法·图国》中提出的重要观点。国不和、军不和，造不成大事。诸葛亮在《将苑》中也说："用兵之道，在于人和，人和则不劝而自战矣。"

"人和"太重要了。关于"和"，古人有很多教导。孔子说："礼之用，和为贵。"（《论语·学而》）孟子说："天时不如地利，地利不如人和。"（《孟子·公孙丑下》）《三国演义》中诸葛亮提供给刘备的治国之策："将军欲成霸业，北让曹操占天时，南让孙权占地利，将军可占人和。"（第38 回）

"和"，首先是"人和"。人和，就是同心协力，团结合作，队伍团结才有力量。古时有一寓言，说有一老翁临终前，把几个儿子叫到床前，以数支箭捆在一起不易折断为理，教育诸儿子要团结的故事，说明家和万事兴的道理。"和"的另外之意是：和睦、和谐、和爱、和气、和平等，就是要善于处理好人际关系，创造合作共事、和睦相处、和平友好、和谐共赢的氛围，成为事业成功的前提条件。人和为本，和是目标，更是过程，对国家，对企业，对家庭，都是适用的。

（二）《三国演义》中的"和"

"和"，作为团结的代名词，关系到国家兴亡、事业成败。是人际管理中的一个重要内容。我们可以举出《三国演义》中的故事来说明这个道理。

举蜀国的例。刘备在创业前期，尽管未能占住自己的根据地，时常寄人篱下，但在屡败屡战的顽强奋斗中，却锻炼出了打不散、拖不垮的队伍核心，形成了忠义诚信的团队文化，成为曹操的主要对手之一。其力量来自人和，来自刘备的诚恳待人，"务揽英雄之心"。刘备与诸葛亮视如鱼水；与谋士法正、军师庞统关系也很亲密。马超归降刘备后，刘备授予其平西将军称号，地位与结义兄弟张飞相同，位列西蜀"五虎上将"。此刻镇守荆州生性好胜的关羽对此不服，坚持要来成都与马超比试高低。刘备恐云长性急，便教孔明写了书，发付关平星夜回荆州。诸葛亮深知关羽的个性，信中说："亮闻将军欲与孟起（马超字）分别高下，以亮度之，孟起虽雄烈过人，亦乃鲸布、彭越之徒耳；当与翼德（张飞字）并驱争先，犹未及美髯公之绝伦超群也。今公受任守荆州，不为不重，倘一入川，若荆州有失，罪莫大焉：惟冀明照。"关羽看后，笑曰："孔明知我心也。"将书遍示宾客，遂无入川之意。（第65回）诸葛亮一封信，化解了关与马的矛盾，两人和睦相处。这是诸葛亮作和的工作之例。

举魏国曹操做人和工作的例。魏国有三位将军张辽、李典、乐进共同守合淝。李典、乐进是曹操起兵时最早加盟的骨干。张辽武力过人，原是丁原、吕布的属下，曹操破吕布于下邳，张辽投降了曹操。这三个人"皆素不睦"。此时，孙权遣兵来攻合淝，城池危急。就在这时，曹操遣人送来一个木匣，上有"贼来乃发"的封条。孙权兵至，张辽打开木匣。密匣中有字条，内书云："若孙权至，张、李二将军出战，乐将军守城。"张辽将教帖（命令）与李典、乐进观之，经过简短议论，张辽首先出战迎敌，李典随后接应，大胜。曹操的一纸命令，解决了三人关系不和的问题。三将军和了起来，结果出现了张辽威震逍遥津的局面。

说吴国孙权做人和的故事。东吴有两位将军甘宁和凌统。甘宁原在荆州黄祖手下供职。在与孙权交战中，甘宁一箭射死凌统的父亲凌操。两人从此结仇。后来甘宁投降了孙权，成为孙权手下的将军，与凌统共事孙权。（第38回）因有杀父之仇，两人关系很紧张。凌统屡找甘宁的麻烦。在一次宴会上，凌统拔刀欲杀甘宁。经孙权做工作，两人矛盾缓和。（第67回）孙权还想办法，把两人的工作调开，避免接触。后来，凌统与曹兵战，凌因马负伤而坠地，曹将赶来欲刺凌，在性命攸关的时刻，甘宁一箭射伤曹将，凌统得救。凌统从前线回营，得知是甘宁救了他的命，从此二人化干戈为玉帛，结成生死之交。（第68回）

（三）微笑对人生，和是民族魂

人世间需要和睦，需要友情与关爱；天地间需要和谐，需要和平与安定。和睦友爱，和平安定，是人们美好的愿望与不懈的追求。和睦，友好往往决定于人们的观念，决定于一念之间。

相传，安徽有个"六尺巷"的故事。安徽桐城有一个小巷，巷口树立了一块石碑，上刻有"六尺巷"三个大字。是说，有位张文瑞公，住宅旁有一块空地，被邻居吴氏越界用之。家人写书告诉张公，希望做官的张公干预此事，纠正此事。张公回信写了一首诗："一纸飞来只为墙，让它三尺又何妨？长城万里今犹在，不见当年秦始皇。"家人见信，按信所示，向里撤让三尺。邻人闻之，感动不已，也撤让三尺，于是遂成六尺之巷。矛盾就在彼此谅解中解决，两家的亲情在彼此谦让中俱增。

和，也是一种心境，一种人生态度。有一句谚语说：社会是一面镜子，当你对它微笑时，它回报给你的也一定是微笑。人生难免没有苦辣酸甜，自己用乐观的心态去品味，就会感到苦中有乐，酸中有甜。乐观的人，面对人生，总会看到希望，看到光亮，充满信心和力量。因此，对人和气，处事平和，心地坦然，无忧无烦。和是一种美好的追求，就是微笑着面对人生，面对别人，面对社会，面对未来，追求和美平安的生活。

和，对事业有好处，和者多朋友，和者得道多助；和，对身体有好处，情绪平和，无因忧而伤肺，无因怒而伤肝，仁者长寿。我国香港有一位著名的实业家邵逸夫，是香港经营最成功的十大企业家之一，90多岁高龄。问他何以如此高寿，他说：信奉"和"。他笑口常开，宽容地对待他人；宽容地对待周围事物；以宽容的心态去处理矛盾。

在市场经济条件下，人们讲进取，讲竞争，也要重视讲"人和"。买卖公平，和气生财；诚实守信，人缘聚财；人和心情舒畅增智慧。人和齐心协力，目标一致企业得发展。

和，是民族之魂。在五千年的人类文明史上，中华大地上各个民族，生生不息，互相融合而发展，形成了以诚为本，以和为贵，以信义为先的优良传统。和为贵的思想，成为中华民族之魂。就连古代最有名的《孙子兵法》，也是提倡慎战备战，以战止战，追求和平的兵法，以全其国、全其伍为上，是以"不战而屈人之兵"为最高境界的兵法。

两千多年前，中国先秦思想家孔子就提出了"君子和而不同"（《论语·子路》）的思想，君子相处，追求道义基础上的共处合作，又保持自己的个性和特色，而不是无原则的附和，盲从。和谐以相兼相容共生共长，不同以取长补短相辅相成。求同存异，和而不同，是社会事物和社会关系发展的一条重要规律，也是人们处世行事应遵循的准则，也是人类各种文明协调发展的真谛。

和，也是一个妥善处理内部矛盾的过程。国家内部，企业内部，由于有认识之差别，利益之差别，人与人之间，矛盾是时常发生的。从团结的愿望出发，从互相负责、互相尊重的原则出发，通过交流与沟通，通过批评与自我批评，取长补短，求同存异，达成新的共识，形成新的合作，达成共赢。"团结——批评——团结"，"合作——沟通——合作"都是处理内部关系、合作关系的成功经验。

和，不仅是道理、利益上的疏导求同，更是人与人之间感情的沟通与尊重。精诚所至，金石为开。尊重、帮助、谅解、宽容，包括耐心与等待，和是用心血浇灌的友情之花，和是多种个性，多种方式，相互借鉴共同发展的鲜活硕果。

当今时代的主题是和平与发展，求合作，求发展，求共赢，在国与国的外交中，在企业与企业的交往中，在部门与部门的合作中，越来越深入人心，为人们所共识。中国先哲"君子和而不同"的传统，"海纳百川，有容乃大"的胸怀，也时刻激励我们，在更广阔的天地中，创造更加美好的未来。

十二 "大信为本"与企业文化

（一）"大信为本"

诸葛亮在《谕参佐停更》文中说："吾统武行师，以大信为本。"这是诸葛亮在治军用兵时说的话。

信，是中国传统美德：仁、义、礼、智、信这五德之一。

信，在儒家的学说中有多种含义。一是作忠信讲，孔子说："主忠信"（《论语·学而》），要亲近忠诚而讲信义的人。二是作信义讲，孔子的学生子夏说："与朋友交，言而有信"；（《论语·学而》）孔子的弟子有若说："信近于义，言可复（实现）也。"（同上引）三是作诚信讲，孔子说："人而无信，不知其可也。"（《论语·为政》）在《论语·卫灵公》中孔子说："君子义以为质，礼以行之，孙（逊）以出之，信以成之。君子哉！"就是说，君子以义为根本，守礼节，语谦逊，都是以诚信来完成的。换言之，没有诚信，君子的美德就都成了空话。

由此可见，信，是人的基本品德，是做人的根本，有了诚实守信，才能有对国家的忠，才能有对朋友的义，才会有人信任他，与他交往，与他共事。因为"信近于义"，符合道义准则。所以孔子说：一个人如果不讲信用，真不知道怎么能行。然而，在现实中，在各种利益与诱惑面前，在生死、得失的考验面前，人能守信如一，确实并不容易做到。因此，诚信如一是一个人品德高下的试金石。

信，是道德五常之一。从道德"五常"即"仁义礼智信"的相互关系看：从政为民、爱民曰仁；坚持不动摇，仁就成为信念；对朋友尽责为义，处事公正合宜就成为信义；聪明卓识为智，信守大道为大智，智也成于遵道守信；尊长爱幼，行不越矩为礼，言行有礼，待人以诚，表里如一则为可信之人。因此，信，含义很广，是贯穿于做人遵守道德的始终。

本文的"信"，主要指为人诚实，办事可靠，言行如一，说到做到的诚信，是坚持道义，处世公正，心地坦白，无私高尚的"智信"。它既是做人做事的道德准则，也是行事作风的标准。对一个国家，一个企业，人人诚实守信，办事言行如一，就是一种优良的作风，就是一种高尚的品德精神，一种优秀的文化氛围。信誉是无价之宝，将潜移默化地长久地发挥着积极的影响。

(二)《三国演义》故事中的"信"

事物是相比较而存在。《三国演义》不仅是一部兵书，也是一部鲜活生动的育人为德的道德教科书。我们举例探讨之。比如说，吕布无信无义，自取灭亡。曹操也守信，也无信，故为奸雄，虽成就了事业，但遗祸于后人。诸葛亮守信如一，死而后已，故流芳千古，遗爱无穷。

1. 吕布无信无义，自取灭亡。

清朝毛宗岗评价《三国演义》时说，描写人物之精彩可概括为"三绝"，即曹操的"奸"，关羽的"义"，诸葛亮的"智"，确实各为一绝。细想，还可以增加一绝，就是吕布的"背信之绝"，为后生失信者诫。

吕布是一位武艺高强的人，按《三国演义》的说法，刘备、关羽、张飞三人联合与他作战，才不分胜负。吕布还有个辕门射戟的故事，是说，在吕布所住的地方，袁术、纪灵的兵与刘备的兵相会，厮杀在即，吕布为缓解这一矛盾，想出一招，辕门射戟。在距辕门外150步远的地方，插上一把戟，戟上有一小枝，吕布射箭，若射中小枝，双方罢兵；若不中，双方厮杀。吕布居然把那戟上的小枝射透，可见吕布的武艺非凡。吕布手使方天画戟，勇力无比，乘赤兔马，脚力最快，无人可敌。所以有"人中吕布，马中赤兔"之誉。(第16回)

吕布武艺高强，但是品德不佳。他原事主丁原，作了丁原的义子。丁原与董卓在朝中有矛盾，正义在丁原一方。董卓就用赤兔马、金珠若干，收买吕布。吕布见利忘义，卖主求荣，则杀了义父丁原，投靠董卓，又做了董卓的义子。后来为一美女貂蝉，与董卓争风吃醋，竟下手杀了董卓，因此，吕布被称为"三姓家奴"。吕布见利忘义，对人出尔反尔，反复无常。在定陶，吕布被曹操战败，走投无路，投奔了徐州的刘备。刘备收留了他，并主动让吕布主持徐州的政事，吕布见关羽、张飞的怒目而未敢接受。袁术攻刘备时，先将吕布买通，吕布反恩将仇报，助袁术把刘备赶走，可见是虎狼之徒。

后来曹操用水淹等办法攻下徐州下邳，吕布被部下用计捆绑后送与曹操。在白门楼上，吕布向曹操、刘备求情："布今已服矣，公为大将，布副之，天下不难定也。"操回顾刘备曰："何如？"刘答："公不见丁建阳（丁原）、董卓之事乎？"吕布遂被操缢死。（第19回）

事情往往无独有偶。在事过1800年后的今天，有新版电视剧《三国》问世。这样一位见利忘义、卖主求荣、毫无信义的"吕布"，却被称赞为为爱痴情的"傻英雄"，而且"形象也变得丰满"。不知是"良心发现"，还是本来就"情有独钟"。

2. 曹操也守信，也无信，故为奸雄，遗祸于后人。

曹操军纪严明，言而有信，以身作则，也有故事为证。

《三国演义》第17回，曹操军队攻打张绣，路过麦田，曹下令，不许踏麦，违者斩。曹经过麦田时，坐骑受飞鸟惊吓失蹄，窜入麦中，踏坏一大块麦田。曹随呼主簿，拟议自己踏麦之罪。操曰："吾自制法，吾自犯之，何以服众？"于是即挚所佩之剑欲自刎。众急救住。郭嘉说："古者春秋之义，法不加于尊。丞相总统大军，岂可自戕（qiang音，自杀）？"曹操沉吟良久，曰：既如此，"吾姑免死"。乃以剑割自己之发曰："割发权代首。"使人以发传示三军曰："丞相踏麦，本当斩首号令，今割发以代。"于是三军悚然，无人违反军令。这是曹操的信，曹操的严。

《三国演义》同一回中，曹操与袁术战，相持月余，军中粮食将尽。曹操叫来发粮官王垕要他用小斛发放，"权且救一时之急"。王垕曰："兵士倘怨，如何？"操曰："吾自有策。"垕依命，以小斛分散。众怨言丞相欺众。操则对王垕说："借汝一物，以压众心，汝勿吝。"王垕问："何物？"操竟说："借汝头以示众。"遂杀王垕，把发小斛粮的责任全赖在王垕身上。（第17 回）这是曹操的诈。

《三国演义》第 41 回，刘琮降曹，亲捧印绶兵符，渡江拜迎曹操。操进屯襄阳城外，封了诸将后，"以刘琮为青州刺史，便教启程"。刘琮闻命大惊，愿守父母乡土。操不允，曰："青州近帝都，教你随朝为官，免在襄阳被人图害。"刘琮只得与母蔡夫人同赴青州，只有故将王成相随。曹操唤于禁嘱咐曰："你可引轻骑追刘琮母子杀之，以绝后患。"于禁从命，得以重赏。

这是曹操的奸诈。曹操的奸诈也遗祸于后人，司马氏掌权后，将曹氏家族几乎斩杀殆尽。

3. 诸葛亮守信如一，死而后已，故流芳千古，遗爱无穷。

《三国演义》中有一则诸葛守信的故事。说孔明与司马懿在卤城相持日久，不见魏兵出战。长史杨仪入帐告曰：丞相原定大兵一百日一换，今日已经到期，汉中兵已出川口，前路公文已到，只待会兵交换。现存军八万，该轮换的军队有四万人。孔明曰："既有令，便教速行。"众军闻知，各个收拾起程。忽然魏将孙礼引雍、凉人马二十万前来助战，去袭剑阁，司马懿亲自来攻卤城。蜀兵无不惊骇。杨仪入告孔明曰："魏兵来的甚急，丞相可将换班军暂且留下退敌，待新来兵到，然后换之。"孔明曰："不可，吾用兵命将，以信为本。既有令在先，岂可失信？且蜀兵应去者，皆准备归计，其父母妻子依扉而望；吾今便有大难，决不留他。"即传令教应去之兵，当日便行。众将闻之，皆大呼曰："丞相如此施恩于众，我等愿且不回，各舍一命，大杀魏兵，以报丞相。"孔明曰："汝等既要与我出战，可出城安营。待魏兵到，莫待他喘息便急攻之，此以逸待劳之法也。"于是，雍凉兵马倍道赶来，方欲歇息，被蜀军一拥而上，大败而归。（第 101 回）

这是诸葛亮守信的一例。诸葛亮的一生，是誓守诺言的一生。自出茅庐起，到五丈原病逝之日止，全部的身心都献给了蜀汉的事业，实践了自己所说的"鞠躬尽瘁，死而后已"的诺言。唐人尚驰说："（诸葛亮）职为臣，行令如君，其名近嫌也……竟能上不生疑心，下不兴流言，苟非诚信结于人，格于神，移于物，则莫能至也。"

诸葛亮兴复汉室矢志不移，也教育自己的孩子对蜀汉忠贞不渝。诸葛亮死后 30 多年，其子诸葛瞻，其孙诸葛尚，先后血染绵竹，为蜀国捐躯，成为三代忠杰。当晋泰始五年（公元 269 年）王览为太傅，诏录故汉名臣之后赴阙受秩，孔明之后独不去。公车促至，欲给予诸葛亮的第三子诸葛怀官爵。诸葛怀辞曰："臣家成都，有桑八百株，薄田十五顷，衣食自有余饶。才同樗栎（chuli，朽木），无补于国，请得归老牖（you，窗）下，实隆赐也。"晋主悦而从之。（《诸葛亮集·故事卷一·诸葛篇》）

诸葛亮忠于蜀汉，诚信待民，为后世所怀念，所称颂。诸葛亮的"鞠躬尽瘁，死而后已"的精神，为人立极，世代传扬。

（三）信誉无价

"大信为本"，明礼诚信，作为中华民族的传统美德，播誉古今。也成为优秀传统文化，在增强民族凝聚力和创造力的各个方面发挥着作用。在市场经济的条件下，人们创业、经商、发展经济，开拓事业，更显现出诚实守信的道德的威力。并非所有经商的人都能做到诚实守信，所以才有"无商不奸"之说。但是，信誉无价，真正长寿的民族企业，珍惜信誉胜于生命。"己所不欲，勿施于人"，提倡团结互助，反对损人利己；提倡诚实守信，反对见利忘义。这已成为普遍的商业道德，被越来越多的企业家奉作座右铭。

从白手起家，到创建属于自己的财富王国的著名企业家李嘉诚，总结自己的成功之术、商道真经，首先一条就是始终坚持以诚信待人，做事先做人。李嘉诚是这样说的："一个企业的开始意味着一个良好信誉的开始，有了信誉，自然就会有财路，这是必须具备的商业道德。就像做人一样，忠诚，有义气，对于自己说出的每一句话、做出的每一个承诺，一定要牢牢记在心里，并且一定要能够做到。"李嘉诚也反复告诉部下："经商，信誉最重要。一时的利益损失将来还是可以赚回来的，但损失了信誉就什么事情都不能做了。""你要让别人信服，就必须付出双倍使别人信服的努力。"

信誉，对经商是如此，对其他任何事情，何尝不是如此。坚守诚信，珍惜信誉，才能不断开创未来。

《三国演义》也可以说是一部道德教科书。与信誉有关，还有"义"和"廉"，是为官的重要品德。三国故事中，蜀国关羽的义，吴国陆绩的廉，都很有名。

"义"也是道德五常之一。孔子说："君子义以为质，礼以行之。"（《论语·卫灵公》）将"义"作为人的本质来对待。管仲说："礼义廉耻，国之四维；四维不张，国乃灭亡。"我们提倡公正道义、诚信忠义的传统美德。

《三国演义》中的关公，就是重义胜过生命的人，是仁义忠勇皆备的神人。关羽不忘玄德之义，使曹操感慨不已："事主不忘其本，乃天下之义士也！"小说中，"美髯公千里走单骑，汉寿侯五关斩六将"，赞美关公的忠义烈节、仁信备至。"诸葛亮智算华容，关云长义释曹操"，也是关羽"义绝"的例证，成为士人的道德偶像。

三国吴郡人陆绩，懂天文，在孙权处任职，后来到广西郁林郡任太守，十分清廉。期满还乡时，走海路乘船回，因海上风浪大，船空，无法行船，无奈找了一块巨石压住船头。到家后，陆舍不得扔弃这块石头，起了一个"郁林石"的名字保存下来。后人还念陆绩，为官清正，给这块石头更名为"廉石"。明潘府的《素言》中说："居官之本有三：薄奉养，廉之本也；远声色，勤之本也；去馋私，明之本也。"为官清廉，是文德之治的主要内容。限于篇幅，简记于此。

十三 奖励农耕，发展商贸，重视创新

生产活动是人类最基本的实践活动。历代统治者治国治军，都离不开民生问题。民足食，才知廉耻。文德之治，自然离不开民生问题，离不开社会

生产问题。何况一定的政治经济制度都是为一定的经济基础服务的。尽管《三国演义》基本是一部兵书，兵法教科书，其中也涉及到民生问题，涉及到生产发展问题。

三国中，关于发展经济的思想与做法很多，如北魏曹操创造的屯田制度；西蜀诸葛亮发展蜀锦，边地屯田，组织盐铁生产，改善交通等；东吴引进了关中的先进技术，发展丝绸贸易，开辟海上运输等。从他们改善民生，增加财政收入的政策思考中，对现代中国的发展寻求有益的启示。主要有农业为基础的问题，商贸问题，新技术的应用问题等。体现出修耕养民，因地制宜的思想。

（一）曹操屯田，"修耕植以蓄军资"

早在汉献帝初平三年（公元192年）曹操作兖州牧时，治中从事（州牧的佐吏）毛玠就提出了两条主要的建议：一是要奉天子以令不臣；二是要修耕植以蓄军资。曹操积极赞成，并创造条件实施。曹操首先做到了第一条，将献帝迎到了许都。接着，曹操开始做第二条。

修耕植以蓄军资，中心任务就是发展农业生产，增加粮食收成，解决紧迫的军粮问题。民以食为天。军队打仗也必须有粮食保障。

东汉末年，社会经济面临崩溃的危险，当时有"田野空、朝廷空、仓库空"的"三空之危"。经过战乱，人民死亡惨重，四处逃亡，整个中原的人口，只剩下不足原来的十分之一。土地无收，出现全局性的粮荒，中原甚至一再发生人吃人的现象，白骨成堆。

曹操为解决粮食问题，在建安元年（公元196年）迎汉献帝到许都不久，宣布实行屯田，将劳动力与土地结合起来，把粮食生产放在首位。曹操公布《置屯田令》：

夫定国之术，在于强兵足食。秦人以急农兼天下，孝武以屯田定西域，此先代之良式也。

"良式"，良好的榜样。秦孝公时，用商鞅变法，厉行耕战，发展农业生产，实现了强兵足食，最终统一了天下。汉武帝时，为抵御匈奴侵扰，在西北调动大量戍卒屯垦，后又在西域屯田，就地解决军粮问题。曹操在吸取历史经验的基础上，针对大量土地无人耕种、大量流民无土地定居的状况，决定实行有组织的屯田制。开始时是民屯，将流亡的农民按军事编制组成屯田民，后发展为军屯，组织士兵生产，"且耕且守"。并建立了严密的独立的组织系统，乡有屯田司马、县有屯田都尉、郡有典农中郎将，国由大司农全权负责屯田事宜，地方的郡守、县令无权过问。屯田制取得成效，每年生产的粮食，除自己食用外，还有大量积余，交给国库。屯田制的实行，还在一定程度上遏制了豪强地主的发展，促进了社会安定。魏国的屯田制执行了70余年，在晋武帝司马炎时，实行了"罢农官为郡县"，屯田制到此宣告结束。

与屯田制同时，发展了手工业，恢复了盐铁官营，改变了租税收缴办法，修缮了水利工程，开凿了运河水路等，使魏国的经济得到发展，社会逐渐安定了下来。对经济发展起了重要作用。屯田制的经验，先后在蜀汉、东吴都得到推广。

（二）利用地利，发展农工，经营贸易，发展航海业

在《三国演义》中记叙东吴的经济问题不多，但"孙权得地利"，"国险而民附，才能为之用"。地处富庶之地，鱼米之乡，经济无大忧。东吴的经济得以发展，应得益于孙权宽松的用人与开放政策。

范文澜的《中国通史》记叙吴国的经济发展时说：吴在江东立国，政治是残暴的，但对东南地区的开发，却也有显著的成就。长江中下游，吴比东汉时经济文化确实发展了。（范文澜：《中国通史》（第2册），274页，北京，人民出版社，1963）

东汉末年中原及江淮间大量流民逃入荆、扬二州，带来了各地区较高的生产技术；如钟离牧在永兴县（浙江萧山县西）垦田二十亩种稻，一年得精米六十斛（一斛十斗），可谓高产，这是地富。孙权攻伐山越，捕捉人口，增兵添民，使人口增加，土地开辟。吴亡国时有4州、43个郡、313个县，郡县数比东汉时大增。人口增加，土地开辟，是经济发展的基础。

在经济发展基础上，吴国出现了两个新的大城市。两汉时只有一个大城市——吴（县），公元211年孙权自吴迁都秣陵，后改为建业（今南京）；公元220年孙权迁都鄂，改名武昌。建业和武昌不仅是军事重镇，商业上也是比吴高一级的城市。发展贸易，利尽南洋。古人云：无商不富。看来发展贸易，搞活流通，有商贸交流则财富奔涌。相对于"以农为本"、"重农抑商"、"重义轻利"的中原文化，是一个进步因素。226年，大秦商人来交趾，到武昌见孙权，开始了中国与海南诸国的正式往来。加上吴国是以水军立国，有船

5 000余艘。孙权是大规模航海的倡导者。在吴国建立了强大的舰队。

政治与经济是相互关联的。孙权在内部政策上，依靠顾雍、陆绩两大族为代表的江东士族，仅顾、陆、朱、张四大姓子弟做大小官吏数以千计，他们为保持自己的政治地位，出力支持吴国。所以孙权统治吴国三代58年，是曹、刘、孙三国君主中执政时间最长的。（魏曹氏三代执政45年；蜀刘氏二代执政43年；吴孙氏三代执政58年）以此反思诸葛亮治蜀，打击豪强大户，限制其兼并掠夺，照顾了平民、农民利益，也激起士族大户的不满。大户子弟在朝中做官的也不多，以致后来魏将邓艾偷渡阴平攻蜀，大户拥兵自顾，对蜀汉成旁观状，所以，西蜀早亡。但诸葛亮的遗爱在民间。

（三）蜀汉关注民生，重视农业，兼顾其他经济产业

西蜀地处今天的四川地区，有天府之国之誉，气候适宜，十分适宜种植粮食作物。汉中也是历来的粮仓。诸葛亮治蜀，首先顺应地理特点，大力发展农业生产，在汉中和北魏的边地，实行军民合一的屯田。以此解决农民的生活和国家的用粮问题。诸葛亮的方针是："唯劝农业，无夺其时，唯薄赋敛，无尽民财。""闭关息民，务农植谷"，实现"富国安家"的目标。诸葛亮辅佐刘禅执政三年，益州百姓衣食充足，生活安定，国家储备粮食富裕，可谓"国富民安，足兵足食"。诸葛亮将农业作为立国之本，"本立则末正矣"，农业的发展带动了织锦手工业、盐铁业、交通运输的发展。为保证农业，在成都重视水利工程的修缮，在都江堰设立专门的堰官，有1 800多名壮丁常驻堰区，负责维护灌溉工程。并增开了"诸葛堰"等工程设施。

发展养蚕业，设置锦官，管理蜀锦生产。在诸葛亮上奏刘禅的奏折中，也记载有"今民贫国虚，决敌之资，唯仰锦耳"。成都被称为"锦官城"。诸葛亮家有桑树八百株，其家人也加入了养蚕行列。因此，西蜀的蜀锦很发达。根据《后汉书》记载，曹操也曾派人到蜀地去买锦。

发展盐铁业。蜀地原来的盐铁业，允许民间经营，结果被豪强垄断，哄抬物价，加重了民生负担。诸葛亮、刘备把盐铁业又收归为国家专营，重新设立了司盐校尉、司金中郎将，管理盐铁生产经营，管理农具、兵器制造。蜀中还有用火井（天然气）煮盐的记载。采"金牛山铁"铸剑，锋利无比，被称为"神刀"。

发展铸币业。诸葛亮采纳刘巴的建议，铸造钱币，平抑物价，设立

"官市"。并派有专任官吏，管理货币市场。铸造了"值百钱"，统一货币流通，防止了交易中的货币混乱，减轻了民众负担。对货币的管理，蜀国的政策在三国中最稳定，实效也是最好的。

以民生为中心，以农业为基础，其他相关产业，贸易流通，也适度发展，对蜀国经济发展起了重要作用。

诸葛亮还发明了木牛流马，运送军粮；改善连弩箭，发明"八阵图"，提高军队战斗力。曹操也发明了石炮机。东吴孙权发展航海业。这都标志着新的技术在军事上经济上的应用。

十四 三国治理经济对我们的启示

经济是基础。

文德治国是相对于武备强国而言。文德中，一项重要任务是发展经济，关注民生。对于政权来说，经济是基础，民心是关键。古代思想家"富国安民"的社会理想，明君治国的政策方略，都离不开发展生产，搞活经济。审视三国时期古人重视生产在国计民生中的作用，对今天的我国，依然有许多有益的启示。

农业是基础，粮食一稳天下安。北魏治理战乱，恢复经济，首先从实行土地与劳动力相结合、有组织的屯田制开始，坚持70年不动摇，解决了粮食问题，国家才得以巩固。民以食为天，粮食一稳天下安。农业社会如此，建设现代化国家，农业的基础地位依然没有改变。改革开放以来，以经济建设为中心，仍以农业为国民经济的基础，以解决农村、农业、农民的"三农"问题，走中国特色农业现代化道路为"全党工作的重中之重"。这是非常正确的。每年伊始，中国政府的第一个红头文件，就是关于农业、农村、农民问题的政策文件，已经坚持许多年。今年，我国经济总量已跃入世界第三大经济体，说明我国将"农业是国民经济的基础"作为经济发展规律而坚定不移地贯彻始终。

关注民生，因地制宜。诸葛亮治蜀，坚持"富国安民"的政策，以民安为本。针对益州大户豪强对百姓的兼并侵掠，实行"先理强，后理弱"的政策。以法制，统一经营盐铁、统一铸造钱币，控制物价，增强国家实力，抑制不法豪强，安定了民心。这是"先理强"。"后理弱"就是"闭关息民，务农植谷"，发展农业、奖励织锦、兴修水利、改善交通，减轻税赋，藏富于民等，使百姓衣食充足，生活安定，国家储备粮食富裕，达到"足兵足食，民富国强"。这在当时是百姓欢迎的政策，对我们坚持以民为本的科学发展观，也是有借鉴意义的。以农业为基础，同时因地制宜，发展其他产业。如蜀国在边远的南中地区，通过开矿、出产土特产品，与内地进行交换，既输入了汉民的先进耕作技术，又改善了少数民族生活的做法，也是有借鉴意义的。

无商不富与开放思维。东吴的经济发展受益于地利，也受益于开放政策。第一是借助北方战乱，收留大量南下的关中居民，将北方先进的耕种、陶瓷、编织等技术用于本国生产。第二是依据地处三江、东南临海的条件，发展商业贸易，建立建业、武昌等重镇，成为商贸交流的中心和集散地。有以城镇带动周边之意。第三是开拓东南疆土，增加人口（其中有掠夺因素并不足取），使经济发展。第四是派巨商特使，开展与海南、南洋诸国的交往，进行文化与经济交流。与内陆中原寓于地域的局限，单纯从事农耕相比，东吴的发展，不仅有地利富庶，而且有思想上的开放在内。这种对内对外开放的思维，尽管已逾千年，依然对今天的我们有启示价值。我国今天，发展社会主义市场经济，实行对外开放政策，首先也是从东部、南部沿海开始，坚持走出去与引进来相结合的开放思维，并迅速取得成果的，最早的经济特区的构想与设立，也是由沿海到沿江而逐步发展的。总结改革开放三十年的成功经验，今后仍然要继续坚持解放思想，继续坚持改革开放的政策。

胜人篇

得人才者得天下

大江东去，浪淘尽，千古风流人物。

故垒西边，人道是，三国周郎赤壁。

乱石穿空，惊涛拍岸，卷起千堆雪。

江山如画，一时多少豪杰！

遥想公瑾当年，小乔初嫁了，雄姿英发。

羽扇纶巾，谈笑间，樯橹灰飞烟灭。

故国神游，多情应笑我，早生华发。

人生如梦，一尊还酹江月。

——（宋）苏轼《念奴娇·赤壁怀古》

古人说："得人者昌，失人者亡。"（第29回）"胜人"，战胜别人，关键就要得人，也就是说，得人才者得天下。胜人，先要胜己，只有胜己，才能胜人。

本篇主要讨论文德治国中的识人、用人的问题。从战略而言，得人心者得天下。从具体治国治军而言，得人才者得天下。成功之道，关键在于得人、用人。若能得人，自己先要走出识人、用人的误区。

天地间，人为贵。本文讨论的"人"，主要指人才。人才是国家的栋梁，是民族的精英，振兴国家，振兴企业，最基础的工作是培养与招揽人才。举用人才，为人民办好事，办实事，才能得人心，才能得天下。

择人，涉及人才的标准问题。要选用德才兼备的人才。

择人，先要识人，知人。领导者要有识人的慧眼，能发现人才。本篇总结了诸葛亮的"识人法"、北魏刘劭的"辩证识人法"；介绍了三国俊杰的知人善任的经验。对于我们今天的人才政策、人力资源管理依然有借鉴价值。

择人，关键是择将，选好各方领路之人，队伍的带头人。为将，要具备"智信仁勇严"的素质，要有好的作风，也要选择良臣，有勇有谋、德才兼备的能臣。

领导者要善于识别人，培养人，爱护人，团结人。"务揽英雄之心"，共同成就事业。这取决于领导人的素质。领导者要有爱人之心，容人之度，育人之方，带人之术，要提高领导能力和讲求领导艺术，带出人才辈出的英雄团队，才是领导者的责任。

重视择人，更要善于用人，做到知人善任。把合适的人用在合适的位置上，使人尽其才，物尽其用。这就是领导者用人的智慧。

三国时期，是英才辈出的时期，各国君王，各国相帅，在识人、用人、激励人才，驾驭人才等方面，为后世留下了成功的经验，也有许多惨痛的教训，成为我们可以借鉴的宝贵财富。下面我们从人才学和领导学的角度，对三国的用人智慧作以探讨。

一 天地间，人为贵，人才重要

"天地间，人为贵。"是曹操《关山度》诗中的第一句话。天地之间人是最宝贵的，人是社会生产力的源泉。但社会中的人是需要管理的，所以要"立君"，形成统一的意志；君主需要贤臣辅佐，所以要有人才。战国时期的孙膑说过："间于天地之间莫贵于人。"重视民生，重视人才的思想，这就是朴素的人才观。

古人把人才比喻为"千里马"。孔子把人才、君子比喻为千里马，说："骥不称其力，称其德也。"（《论语·问宪》）比喻人才既有超常的能力，更有良好的品行。曹操在《步出东门行》的诗中，把自己的心志比喻为"老骥伏枥，志在千里；烈士暮年，壮心不已。"也是说明人才更有远大之志。

人才是重要的。历史上有许多"得一人而得天下"的佐证。周文王因得吕尚为相，而安邦定国，创业成功。周文王称吕尚为"尚父"。春秋时期的齐桓公，因得管仲为相而强国，使齐国成为春秋五霸之首；因此齐桓公称管仲为"相父"。吕尚，管仲，都是智谋高深的大才。

（一）人才难得，得一人而得天下

人才创造历史，得人者昌，失人者亡。人才中，最可贵的是有战略眼光，属于"经纶济世之才"，其作用，更是关键。在三国中，这方面的事例很多。

孙权得鲁肃。孙策死后，孙权执掌江东。孙权对周瑜说："今承父兄之业，将何策以守之？"周瑜曰：自古，得人者昌，失人者亡。"为今之际，须求高明远见之人为辅，然后江东可定矣。"于是周瑜向孙权举荐了"胸怀韬略，腹有机谋"的鲁肃这位人才。鲁肃随后向孙权建议："肃窃料汉室不可复兴，曹操不可卒除。为将军计，惟有鼎足江东以观天下之衅。"并乘北方多务，剿除黄祖，进伐刘表，竟长江所极而据守之；然后建号帝王，以图天下。（第29回）孙权得鲁肃，以致建国，基本如鲁肃所预测的一样。

曹操得荀彧。曹操于初平二年（公元191年）身为奋武将军。荀彧年少就有"王佐之才"之称，在袁绍属下任职；他见袁绍"终不能成大事"，遂离开袁绍来到曹操身边。曹操称"吾之子房（汉张良）也！"命为司马（掌管司法的官），荀彧时年29岁。当汉献帝还都洛阳时，荀彧建议曹操效仿"晋文纳周襄王而诸侯景从"的典故，主张"奉主上以从民望，大顺也；乘至公以服雄杰，大略也；扶弘毅以致英俊，大德也"。曹操遂至洛阳，奉迎天子到许都。实现了"挟天子而令诸侯"的战略转移。曹操被天子命为大将军，荀彧晋升为汉侍中，守尚书令。曹操征伐在外，"军国事皆与（荀）彧筹焉"。（《三国志·魏书·荀彧传》）

刘备得诸葛亮。刘备奔波奋斗近二十年，成效甚微，寄居于刘表门下。直至为逃避荆州蔡夫人的追杀，在水镜山庄得到有"识人之鉴"的司马徽的指点："盖因将军左右不得其人耳。"即缺少"经纶济世之才"。于是刘备才"三顾茅庐"请出诸葛亮出山相助，从而开辟了蜀汉事业的新局面。

孙权得鲁肃；曹操得荀彧；刘备得诸葛亮；都是得到了"经纶济世之才"，使他们重新确立了自己的战略方向，从而开辟了自己的事业。从这个意义上说，真是"得一人而得天下"。

诗经中说："得人者兴，失人者崩。"与上文中所说"得人者昌，失人者亡"意义相同。对一个国家如此，对一个团队也是如此。

"失人者亡"或"失人者崩"，在三国中也是有例为证的。

曹操所得的"经纶济世之才"，先有荀彧，后有许攸、郭嘉，都曾经是袁绍门下的谋臣，他们都帮助袁绍提出过重要的建议。但袁绍"多谋寡断"，"疑而不用"，结果错失时机。这些有识之士，深感袁绍不能成事，而弃袁归曹。

三国中蜀国的早亡，也是亡在后主无能，后继无人。以致重用了奸佞宦官黄皓参政，导致国家败亡。

（二）关于"人才"之识

诸葛亮说："治国之道，务在举贤。"（《便宜十六策·举措》）"举贤"，就是推举、选用具有辅国之能的贤臣。《汉书·武帝纪》说："盖有非常之功，必得非常之人。"国以用才而立，政以得贤而治，业以有贤才而兴。人才是关系国家发展、事业兴旺的关键问题。

古时的"人才"，就是"贤才"。就是德才兼备的人。诸葛亮说"辅以直士为贤"。所谓"直士"，就是"诤臣"，"当其（君王）不义而诤之，将顺其美，匡救其恶"。（《便宜十六策·纳言》）主要讲以"忠义之臣"为贤。

人才，是个相对的概念，是分层次的，是有等级区分的。有拔尖人才，有中等人才，有一般人才。我们今天同样重视人才，把人才作为一种宝贵资源来开发，把人才资源作为各种资源中的第一资源。因此，不仅要重视"经纶济世"之才，也要重用各方面有一技之长的人，更要创造条件，让各方面的后备人才脱颖而出。

我们国家实施人才强国战略。人才是最强大的生产力，是国家强盛之动力。人才强国是应对激烈竞争的必然要求，是使我国自强于世界强国之林的必然要求。我们务必要做好这个工作，发现人才，培养人才，激励人才，用好人才，让人才更好地发挥作用。

　　上一题我们讨论的是"贤才"的重要，人才的重要。也提到了贤士应是德才兼备的人。本题，我们侧重从三国故事中，进一步分析人才的标准问题。

　　"惟才德兼备者贤士也"，这是司马光在《资治通鉴》中所说的话。可以看做对古人的"贤士"的标准的一种注释。

　　《尚书》中有"任官惟贤才"的话。孔子说："赦小过，举贤才。"（《论语·子路》）《墨子》也说："尚贤者，政之本也。"这也就是"任人唯贤"的由来。

　　（一）曹操用人："将者应五德备也"

　　《孙子兵法》对将的素质的要求是："将者，智、信、仁、勇、严也。"（《计篇》）智，聪明才智；信，赏罚有信；仁，爱护士卒；勇，勇敢果断；严，威严庄重。曹操对此解释说："将者应五德备也。"曹操所说的"五德"，即孙子所说的"智信仁勇严也"。对部属的仁义，对国家的忠信，作战的勇敢，执法的严明，都是属于为将之德；智，为将的聪明才智，则主要说为将之才，为将的领导与指挥才能。曹操所赞成的"五德皆备"，就是德才兼备的人才标准。

　　孙子将"智"作为"五德"之首，这是有特殊意义的。在严酷的战场上，解决胜负问题，所有的"德"，都要在"智"的高下之中得以体现，在运筹帷幄、指挥高效、出奇制胜中得以实现。这一思想在现代化的今天，依然有着现实的意义。尤其在知识经济的时代，智力的高下，对战争的胜败有关键的作用。

　　曹操在人才的选拔上，主张**"唯才是举"**，主张**"吾任天下之智力"**。

　　曹操反对当时在选官问题上只讲"德行"、"名节"、"门第"等陋习，明确提出"唯才是举"的方针。只要有才，不管他是否卑贱，有某些短处也可任用，用其长，用其能。但是，曹操对人的"德"的要求是高的，是将与自己是否同心同德为标准，是深藏在自己心里的，平时不露的。此处仅举一例。荀彧被曹操称为"吾之子房也"，是关键人物，曹操远征，治理内政全权托付给他。但到曹操要称王，进九锡，显露出背叛汉室之意，荀彧则认为不可。荀彧的政治目标与曹操的政治目标并不相同。此时曹操则心不能平，也心不能容。所以借故派荀彧外出劳军，然后将他留在外地。曹操馈赠荀彧一个食盒，派人送给他，当荀彧打开一看，却是一个空盒。荀彧知道曹操的用意，乃自己饮药而死。真是"道不同，不相为谋"。

（二）诸葛亮收姜维，德才兼备

《三国演义》第93回，记叙了姜伯约归降孔明的故事。起因是诸葛亮出祁山，攻下了南安、安定后，用计准备收取天水。姜维是天水马遵手下的中郎将，识破了诸葛亮的计策，并将计就计，打败了前去袭取天水的赵云。诸葛亮因虑姜维，而亲自率兵攻天水，结果又一次中了姜维的埋伏。孔明亲见姜维用兵，叹曰："兵不在多，在人之调遣耳，此人真将才也。"于是决计要收降姜维。

孔明对姜维还是做了调查的。知"此人，姓姜，名维，字伯约。天水冀人也"。"事母至孝，文武双全，智勇足备，真当世之英杰也。"并知姜维母今居冀县。于是布置魏延，诈取冀县，将姜维调出了天水。

孔明故意放出了被俘获的魏军都督、驸马夏侯楙。并让其听信了所制造的流言，说姜维已经降蜀，断了姜维回天水、回魏营的去路。孔明设计，诱姜维出城，去劫蜀军的粮草，结果蜀军乘机袭取了冀城，杀得姜维走投无路。此时姜维只好下马投降。孔明下车而迎，执姜维的手说："吾自出茅庐以来，遍求贤者，欲传授平生之学，恨未得其人，今遇伯约，吾愿足矣。"维大喜拜谢。于是孔明用姜维之计，攻下天水。此时姜维年27岁，正是孔明出山时的年龄。诸葛亮此时已是48岁。有人劝孔明何不去擒夏侯楙。孔明曰："吾放夏侯楙，如放一鸭耳。今得伯约，得一凤也。"可见真正的人才在孔明心中的分量。

经过孔明在实战中的考察，锻炼，姜维实际上接替了诸葛军师的班，为蜀汉的后诸葛亮时代储备了人才。

《蜀志》也有记载："（诸葛）亮以西土初建，在得才贤，取人不限其方。"

（三）用"德知能绩"考核人才素质

在现代管理学中，干部要考核"德能勤绩"的综合素质，以决定其优劣。"德"，就是品德，政治素质，理想信念，觉悟情操；"能"，就是能力才能，知识技艺，业务能力，包括理解力、表达力、决断力、协调力、统率力等；"勤"，即身体状况，出勤效率，工作勤恳作风务实；"绩"，工作效果，业绩好坏等。从一个人的思想品德、业务能力、工作作风、实际业绩，对干部的德才表现作综合评价，以便为奖优罚劣、提拔晋升提供依据。这是比较常用的考核方法。有的还对"德能勤绩"分为细目，设立权重系数，进行数理统计分析，以总评分的高低决定人选，是有可操作性的办法；也有的作为对干部进行"民主测评"的通式。

近年，胡锦涛同志在全国人才会议上，关于人才的素质问题，提出四点：即品德、知识、能力、业绩。与常用的"德能勤绩"相比，在干部年轻化的前提下，更突出了"知识"在人才素质构成中的比重。在知识经济的时代，人们不仅要勤劳肯干，而且要有知识，有头脑，会巧干。

三 择人先要识人

人才难得更难识。白居易一诗中说："试玉要烧三日满，辨才须待七年期。"宋代陆九洲也说："事之至难，莫如知人；事之至大，亦莫如知人。诚能知人，则天下无余事矣。"可见识人之难。为政做官，贵在识人。要真正识人于内心，必须锻炼有敏锐的洞察力。

《三国演义》也可看做识人、用人的教科书。书中有许多识人用人而成功的案例，也有因不能识人、用人不当而失败的教训。今就识人而言，举例说之。

鲁肃是临淮东川人。平生好击剑骑射，胸怀韬略。早年丧父，事母至孝，其家极富，常散家财以济贫乏。周瑜为居巢长时，领数百人路过临淮，因为缺粮，听说鲁肃家有两囷（qūn 音，谷仓）米，各三千斛，便前去求助。鲁肃当即将一囷米相赠。周瑜是从鲁肃的慷慨行动中认识了鲁肃。并将鲁肃举荐给孙权。孙权观人也是独具慧眼的。他对鲁肃"甚敬之，与之谈论，终日不倦"。一日，孙权留鲁肃共饮，至晚同榻抵足而卧。夜半，权问肃曰："方今汉室倾危，四方纷扰；孤承父兄余业，思为桓、文之事，将军何以教我？"鲁肃则分析了国内大势，建议孙权"惟有鼎足江东以观天下之衅"的策略。鲁肃与周瑜则成为孙权的左膀右臂。（第 29 回）这是君在择臣的一例。

东汉马援对光武帝曾说："当今之世，非但君择臣，臣亦择君。"识人，是双向的。有君在择臣，也有良臣择主。郭嘉论袁绍与曹操，是臣在择君的一例。

曹操问郭嘉：袁绍地广兵强，我欲讨之，恨力不及，如何？郭嘉对袁绍与曹操作了分析，说："今绍有十败，公有十胜；绍兵虽盛，不足惧也：绍烦礼多疑，公体任自然，此道胜也；绍以逆动，公以顺率，此义胜也；桓、灵以来，政多失宽，绍以宽济，公以猛纠，此治胜也；绍外宽内忌，所任多亲戚，公外简内明，用人惟才，此度胜也；绍多谋少决，公得策辄行，此谋胜也；绍专收名誉，公以至诚待人，此德胜也；绍恤近忽远，公虑无不周，此仁胜也；绍听谗惑乱，公浸润不行，此明胜也；绍是非混淆，公法度严明，此文胜也；绍好为虚势，不知兵要，公以少克众，用兵如神，此武胜也。公有此十胜，于以败绍无难矣。"（第 18 回）按照孙子的"智信仁勇严"的为将"五德"去分析，郭嘉是从德才兼备的素质去比较曹操与袁绍的优劣，所以尽管当时袁绍的实力远强过曹操，但郭嘉则看出"袁绍难成大事"，所以，离开袁绍，经荀彧举荐，成了曹操的得力谋臣。

在如何去认识人，去发现人的问题上，古人为我们留下了丰富的经验。如周文王的六征鉴人法，孔子鉴人九法，诸葛亮的观人七法，刘劭鉴人法，清朝曾国藩的《冰鉴》等。结合读三国学管理，在此介绍蜀诸葛亮的观人七法，魏刘劭的《人物志》的鉴人法。

四 诸葛亮的识人法

老子曾说："知人者智。"诸葛亮在治蜀中尽管也有失误，但历史证明，诸葛亮的识人，是无人可比的。诸葛亮在论述"知人性"时，总结了识人的"七法"：

夫知人之性，莫难察焉。美恶既殊，情貌不一，有温良而伪诈者，有外恭而内欺者，有外勇而内怯者，有尽力而不忠者，"然知人之道有七焉：一曰，间之以是非而观其志；二曰，穷之以辞辩而观其变；三曰，咨之以计谋而观其识；四曰，告之以祸难而观其勇；五曰，醉之以酒而观其性；六曰，临之以利而观其廉；七曰，期之以事而观其信。"（《诸葛亮集·将苑》）

诸葛亮的"观人七法"，主要是针对"识人性"而言，人性，是人的本质属性。"识人性"是对人的内心品质的考察，也就是对人的志向、品德、智勇信廉等特质的考察。区别其能力的真伪，品行的表里，透过现象认清本质，是件不容易的事情。所以称为"难察"。而又必须察明真伪，认清表里，以便正确地信任人，使用人。诸葛亮的"观人七法"，意在主动制造各种境况，观察其反应，从而对其修养为人作以了解。主要用的是行为观察法。

在诸葛亮出师北伐过程中，对姜维的考察，就是"咨之以计谋而观其识"、"告之以祸难而观其勇"。如孔明依姜维之计取天水；用姜维之计打败魏大将军曹真等。对地位仅次于孔明的李严的考察，就是"间之以是非而观其志"、"期之以事而观其信"。诸葛亮要出师北伐，将李严提升为都护，坐镇汉中。李严则提出要割出五郡建立巴州，自己为州牧，要求有自己的地盘。其志是要自己拥兵自立，诸葛亮没有同意。坐镇汉中，负责北伐蜀军的粮草供应，李严则畏难，谎报军情，迫使孔明从前线撤军。孔明弄清情况后，上表奏报后主，贬李严为庶人。

五 刘劭辩证识才的《人物志》

关于识人的理论在汉朝已经逐渐成熟，有著作被保存下来的，就是曾任魏明帝（曹睿）时期的陈留太守刘劭所著的《人物志》。《人物志》在《三国志·魏书·刘劭传》中有记载。历史上人们对《人物志》评价很高。魏人王三省评论此书："修己者得之以自观，用人者持之以照物。"宋人阮逸说："王者得之，为知人之龟鉴；士君子得之，为治性修身之囊括。"实在是研究识人不能不读的好书。

刘劭的《人物志》是古代仅见的研究人才的学术专著，在人才思想史上占有独特的地位。《人物志》的主要内容是讨论两大问题：一是识别人才的原则和标准；二是识别人才的方法。刘劭虽属东汉老臣，但生活在汉末三国时代，历事魏武帝（曹操）、文帝（曹丕）、明帝（曹睿）及齐王曹爽，也属于三国时代的名臣，他总结了三国以前各代君主识人用人的经验，吸取儒、道、法等各家之长，如人所说"甚具历史上之价值"，所以我们展开作以简介。

《人物志》分上、中、下三卷，共 12 章，简介如下：

"**九征第一**"：衡量人才的基本标准是才和性，或曰才和德。征，是指人的外在表现。"九征"，指人的性情的九种外在表现，就是精神、感情、筋腱、骨骼、气质、脸色、仪表、容貌及语言。这九种表现是由人的内在本质所决定的，本质，就是"仁、义、礼、智、信"道德标准即"五常"，"九征"与"五常"是表与里的关系。表与里是否和谐，影响着人才品第的高低。这是由表及里地识别人性、品行高下的方法。据此将人才分为最高品第的人才，其次是偏才，其下是末流等。

"**体别第二**"：人才达到表里高度一致的中庸境界为最高品第，这样的人是极少数，多数是表里部分一致，即有德行的偏才。本章分析各种偏才的类别，以及他们各自的长处与短处，谓之"体别"。以某种才能见长的人，在展示其才能、长处时，其短处也同时存在。所以用人发挥其长处的同时，要力戒其短处的干扰。更不要使其长处变成了短处。提出了长处与短处的辩证关系。

"**流业第三**"：人的志向是才能之源，因其偏好、志向不同，形成各种各样的才能品类谓之"流"；"业"，即由其志向与才能所成就的功业。"流业"，就是不同的人才及其所成就的功业，分为十二种，如有的可为宰相，有的可为谋士，有的可为文吏、将军等，相当于今天所从事的不同的行业、职位。兼有德、才、术三种才干者为品第最高。君主的任务，就是要根据他们不同的才能，把他们放到不同的位置去发挥作用。"人才不同，能各有异"，都是可以发掘、任用的，关键就是要"因才授职"，"各因其能而用之"。（诸葛亮的《将苑》也有此说）

"**材理第四**"：关于人才与掌握道理的程度，区分通才与偏才。刘劭把"理"分为四类：关于万物发展规律的"道理"、关于人事的"事理"、关于人际关系的"义理"、关于性情的"情理"，这四理都在"道理"之列。这是说，个人才能的发挥与对上述"四理"的掌握有关，即使是通达性情的人，往往也会产生种种偏颇；至于性情不够通达的人，则会产生七种似是而非的表现，以及失误。因为他们多数是偏才。只有同时具备"聪能听序（明理）、思能造端（决策）、明能见机（预察）、辞能辨意、捷能摄失、守能待攻、攻能夺守、夺能易予（制服）"八种才能，才能通晓天下之理。通晓天下之理，则能通人矣。因此被称为"通才"。也就是说，只有通晓道理、事理、义理、情理，才为全才。

"才能第五"：关于人才与能力的关系。人才的能力有大小，是因为其才智有高低。人才既然类型不同，能力大小各异，因此把他们放在合适的位置上，才能使他们的能力充分发挥出来。如果放错了位置，使用人才不当，会给国家带来灾难。

"利害第六"：分析了六种职业：清节家、法家、术家、智意家、臧否（评论）家、伎俩（技艺）家等六种具体人才的各自的长处、短处；任用前、后的表现，事业的成、败，以及其最终的结果。如"法家"，其"功足以立法成治，其弊也为群枉（众多的不正之人）之所仇"，结果是"功大而不终"（功虽大却不能善终）。为各类人才及用人者立鉴。

"接识第七"：通过与别人交往识别人才，但也容易发生种种偏颇。主要是人们往往是以自己的观点和标准去衡量别人，所以，只能识别与自己同类的人才，而不能识别与自己不同类的人才。揭示了"识别人才的一种误区"。从而提示识别人的方法：摒弃自己固有的观点和标准，多发现与自己不同类的人的长处；要长时间的观察；要避免偏才之人在与人接触中所易犯的种种过失。

"英雄第八"：对英雄的分析：文武才干出众的人。所谓"英才"，指其聪明才智；"雄才"指其气魄胆力。英才与雄才不可缺一。只有"英才"，只能担任宰相；只有"雄才"，只能担任将军；二者兼备，有勇有谋有胆有识，才能成大业。

"八观第九"：即观察人才的八种方法。

"七缪第十"：观察人才时容易产生的七种谬误。即察觉会有偏颇；接物会有爱恶之惑；度心会有大小之误；品质有成才之早晚之疑；变类会有同体之嫌；论才会有申压之诡；观奇会有二尤（尤妙、尤虚）之失。

"效难第十一"：认识人才并取得效果的两个难点：一是认识人才本身的难处；二是认识了人才但没有使其取得成效的途径。分析了难点形成的主观原因和客观原因，知难而进，取得成效。

"释争第十二"：为人处世的态度——君子"不争"的益处在于谦让，

以屈得求伸；小人"争竞"的害处在于盛气凌人，埋下祸根。提倡超越世俗，独立思考，谦卑处世，谨慎行进。

《人物志》论述精辟，实难舍弃，所以列其要点于上，有兴趣者必须细读原文才可。

刘劭的"识人八观"

"识人八观"是《人物志》中单独的一章。因有特点，择要详记如下：

（一）观其夺救，以明间杂

"夺"指人性中恶的一面；"救"指人性中善的一面。通过观察人的行为中善与恶两方面，来了解人的本质。善与恶是人性的两面，善恶一念间。"故观其夺救，而明间杂之情，可得知也。"反映刘劭重视人才的思想品质，将此列为"八观"之首。但是，善与恶是难于一刀切的。善良的人也会有恶的行径，或是无意为之；邪恶之人，也会有良心发现，作出一点善果。所以，"观其夺救"，主要在大是大非的关键时刻，才能见到人的真实本性。

（二）观其感变，以审常度

"感变"，即感情、态度的变化；"常度"，做人的基本准则。人的言语情态与内心好恶属表里关系。人虽可以控制自己的表情，掩饰其内心，但天长日久，总有表露内心所想的时候。"夫观其辞旨，犹听音之善丑；察其应赞，犹视知之能否也。"所以，通过观察人的感情变化，了解其做人的准则。从言谈神情中识人，刘劭细分了 14 种情况。如"以明为晦，智也"，即善于逆向思维的为"大智之人"；"先识未然，圣也"，未卜先知为圣贤之人；"见事过人，明也"，有超人的判断力为"英明之人"；"测之益深，实也"，即为"真才实学之人"；故弄玄虚者，为"虚伪之人"等。判断内心与表情是否一致的是神情。"征见于外，不可掩违，虽欲违之，精色不从。"

（三）观其至质，以知其名

"至质"，人的根本气质。观察一个人的性格品质，就可看出其名声与实际是否相符。

（四）观其所由，以辨依似

"依似"，依，紧挨着；似，像；"依似"是指似是而非的人。"观其所由"，就是深究其办事的目的和动机，这是判明是人才与像人才，区分人才的"似是而非"的办法。比如，斥责别人过错为"讦（jie）"，专门指责他人过错，性情邪恶，不能公正的人；而出于直率性格的人的"讦"，则只是偏激，并无恶意。"其讦相同，其所以为讦则异。"所以，要究其所由，将就事论事的批评，哪怕方法有些偏激，与恶意中伤的人身攻击相区分。大奸似忠，大智若愚。"正言，似讦而情忠"，"博爱，似虚而实厚"，这是似非而是；"轻诺，似烈而寡信"，"面从，似忠而退违"，这是似是而非。"观其所由"是避免判断失误的方法。

（五）观其敬爱，以知通塞

"通"就是指人际关系通达，和谐；"塞"指社会关系闭塞，孤单。在人类社会中，敬与爱是一种道德规范。《孝经》以爱为至德；《礼》以敬为本；《乐》以爱为主。"然则人情之质，有爱敬之诚，则与道德同体，洞获人心，而道无不通也。""故观其爱敬之诚，而通塞之理可得而知也"。

（六）观其情机，以辨恕惑

通过观察一个人的情绪和欲望，辨别其心胸之宽狭。分析人的情绪、情感有六种表现："抒其所欲则喜；不抒其所能则怨；以自伐历之（超越之）则恶；以谦损下之则悦；犯其所乏则婟（hu 忌恨）；以恶犯婟则妒；此人性之六机也。""机"就是机关，性情变化的关节点。所以，"人情莫不欲遂其志"；"人情莫不欲处前"；"人情皆欲求胜"；"人情皆欲掩其所短，见其所长"。所以，"观其情机，而贤鄙之志可得而知也"。

（七）观其所短，以知其长

凡是偏才之人的性情，皆有所短。如"直之失也，讦"，就是正直引起的过失，在于揭露别人的短处。"刚之失也，厉"，刚强引出的过失，在于对人严厉。"和之失也，懦"，就是温和引出的过失，在于懦弱。"介（节操）之失也，拘"，就是坚持独特节操引出的过失，在于拘泥。"夫直者不讦，无以成其直，既悦（喜欢）其直，不可非其讦，讦也者，直之征也。"就是说，能够直率地提出别人的短处，是刚直的特征。既喜欢其刚直，就不能否定他揭人之短。严厉，是刚强的特征。既喜欢他的刚强，就不能否定他的严厉。所以，"然有短者，未必能长也。有长者，必以短为征"。"观其征之所短，而其材质所长可知也。"这是人才的所短与所长的辩证关系。

（八）观其聪明，以知所达

观察一个人是否聪明，就可以分析他今后会成为何种人才。"夫仁者，德之基也。义者，德之节（约束）也。礼者，德之文（表现）也。信者，德之固（支柱）也。智者，德之帅（主导）也。"聪明的重要在于"智出于明"。聪明对于人，如同白天的太阳，夜晚的灯火，给人以方向。"明益盛者，所见及远。"聪明使人能处近而怀远，居安而思危，思虑周全。所以"钧材（才能相等）而好学，明者为师。比力而争，智者为雄。等德（道德水平）而齐，达者称圣。圣之为称，明智之极名也。"圣人就是对极端明智的人而言的。所以"观其聪明，而所达之材可知也"，就是依据其聪明程度，就可以知道他将来的发展了。这是说明德、智、才的辩证关系。

刘劭还提出了"五视"识人法："居，视其所安；达，视其所举；富，视其所与；穷，视其所为；贫，视其所取。"通过上述"五视"，可以知道一个人的内心是贤良还是鄙劣。这与现代心理学的观察法十分近似。刘劭主张选择最佳观察时机，就是选择不能掩饰其真实思想的休闲、行志、富裕、穷困和贫苦这五个关键时刻，从人物处在不同地位的表现，如观察其乐于做的事（安）、努力举荐的人（举）、密切结交的朋友（与）、摆脱困境的行为（为）和索取财物的手段（取），观察人的真实品质。

观察法，古人也提出过。如孔子说："视其所以，观其所由，察其所安。"（《论语·为政》）就是从人的所作所为去观察人。

"八观"、"五视"是刘劭提出的鉴别人才的方法，更适用于对复杂人才对象的考察，从人物性情的外在行为表现，从其言辞语态的反应，从人物名声与实际，从行为的表里依似，从对人对事的情感反应，从才性的短长高下等不同的视角去观察人，广泛涉猎了现代心理学的研究方法，在距今 1 700 多年前能有如此广阔的视野，实在是非常了不起的。

七 识人中的辩证思维

　　综合刘劭的《人物志》和诸葛亮论为将之道的《将苑》，论述治国之道的《便宜十六策》，可领悟一些识人、用人中的辩证思维方法。这里主要谈三点。

　　（一）关于德与才的辩证关系

　　这是人才观的问题，识人的标准与原则的问题。

　　司马光在《资治通鉴》卷一中就智伯的覆亡评论说："夫聪察强毅之谓才，正直中和之谓德。才者，德之资也；德者，才之帅也。"司马光的德才观是正统的儒家思想。刘劭的思想则杂糅儒、道、名、法各家，所以对才与德的关系的论述与司马光有些差异。刘劭认为："才以德为首"，所以将"观其夺救，以明间杂"列为"八观"之首，德是高居才能之上的。又说德以才为资，所以"观其聪明，以知所达"。作为"八观"的点睛之笔，放在最后，一锤定音，无智则难以成才。

　　诸葛亮用人、识人，是坚持德与能的统一。诸葛亮主张举贤能之人，为国家之辅。"辅以直士为贤"。何为直士？就是能以忠义事君，并且对君王"当其不义则诤之"的诤臣，"将顺其美，匡救其恶"的忠臣。有忠君之德，又有敢于"匡救其恶"的胆识，这就是德与才的统一。在对人才、官吏的考核中，诸葛亮说："考黜之政，务知人之所苦。""有民之五害者，不可不黜（罢免）；无此五害者，不可不迁（晋升）。"以对待民众的疾苦为标准，迁善黜恶，就是用实践的标准，德才统一的标准考核人，使用人。

（二）关于识人的辩证方法

刘劭的"九征第一"，肯定人才难知，又肯定人才是可知的。刘劭认为，人的内在品质必然表现于外在，从人的外在表现，就可以观察到他的内在品质。这是一个朴素的唯物的思维方法。《四库提要》概括《人物志》的基本内容时说：其书"论辩人才，以外见之符，验内藏之器，分别品流，研析疑似"。"九征"就是"外见之符"，以了解人的内在品质，这是识别人才的唯物的方法。

刘劭识人的辩证方法，其表现是，通过"八观"，是由外向内，再由内向外。第一、第二、第六、第七，这四观，说观察人要抓住关键行为，应变表现，而考察其品德、志趣，从现象认识本质；第三、第四、第五、第八，这四观，说观察人要认识其特殊的资质，做事动机，道德水准，聪明程度，从现实推及未来。可见刘劭识别人才的思维是从人的主观、客观进行分析，由表及里，由近及远，由现象到本质，由现在预见未来，这种辩证的思维方式，为我们汲取人才管理智慧，提供了宝贵的借鉴。尤其是"观其爱敬，以知通塞"，"观其情机，以辨恕惑"，已经将人际关系、行为心理引入了人才学，对人才的成长也有启示意义。

（三）关于人才使用的辩证思维

表现在对具体人、具体事要作具体分析的观点上。

比如判断人才的品德本性：善与恶，要依据情况作具体分析，区分善者偶尔之恶与恶者虚伪之善；观其至质，以知其名，验其名与实是否相符；"人才不同，能各有异"，所以要"因才授职"，"各因其能而用之"；要把他们放在合适的位置上。"观其征之所短，而其材质所长可知也。"这是人才所短与所长的辩证关系等。

诸葛亮论为将：坚持"人无完人"的观点，因此对人才不能求全责备；

主张才用其长；扬长抑短；容人之短等。

列宁说过，马克思主义活的灵魂，就是对具体事物作具体的分析。刘劭识人的方法，就具有透过现象探求本质，注意区分真伪，区分似是而非，区分惯例与认识误区等，主张将真正的人才，用在合适的位置上以发挥其作用。

八 识人择人的认识误区

元朝马致远在其杂剧《半夜雷轰荐福碑》中有句名言："越聪明越受了聪明苦，越痴呆越享了痴呆福，越糊涂越有了糊涂富。"这是针对识人误区而言的。把封建社会中毁灭人才、颠倒是非的不平等现象和贤能志士的不幸遭遇刻画得淋漓尽致。

识人是困难的。人才难得，能识别人才者更为难得，既能识别人才又能举荐人才者最为难得。所以说，忠莫大于进贤。

识人之难，有主观上的原因，也有客观上的原因。主观上是识人者缺乏识人的慧眼；有知识的局限，如"隔行如隔山"；有认识的误区，如"以貌取人"，"以己观人"等，认识上的片面性往往埋没人才。客观上是被识者：一因人性复杂，思想多变，人的思想与言行往往不一致，有的为了名利，有的为避免伤害，言不由衷，所以人心难测；二因客观上，在一般情况下，人才与非人才似是而非，良莠难分，并无天壤之别；何况人的才能是多方面的，只有在特殊的环境中，才能突显出来。所以有"事之至难，莫如知人"

之说。

在《三国演义》的故事中，有因陷入识人的误区而错失得贤的机会，有因思维方式的主观而误事、误人。我们不妨略举数例，以之为鉴。

（一）孙刘以相貌取人

《三国演义》中，说及有才但相貌丑的人有两位：荆州的庞统，益州的张松。

庞统有才，被誉为"凤雏先生"。但其长相丑："浓眉掀鼻，黑面短髯，形容古怪"。鲁肃识才，把庞统推荐给孙权，孙权说："孤亦闻其名久矣，可即请来相见。"但见庞统形容古怪，心中不喜。问："公平生所学，以何为主？"统曰："不必拘执，随机应变。"权曰："公之才学，比公瑾（周瑜字）若何？"统笑曰："某之所学，与公瑾大不相同。"孙权平生最喜周瑜，听庞统所言有轻视之意，心中愈不乐。乃对庞统说："公且退；待有用公之时，却来请之。"庞统长叹一声而出。

鲁肃只好作书，将庞统举荐于玄德。玄德久闻庞统之名，请入相见。庞统见玄德，长揖不拜。玄德见统貌丑，心中亦不悦。因孔明外出，所以只给安排到耒阳作一个县令小官。庞到任后，不理政事，终日饮酒为乐，一应钱粮词讼，并不理会。有人报与玄德，玄德派张飞与孙乾同去巡视。张飞责问庞统为何尽废县事？庞统则唤公吏，将百余日所积公务，都取来剖断。诉词被告人等，环跪阶下。统手中批判，口中发落，耳内听词，曲直分明，并无分毫差错。民皆叩首拜服。不到半日，将百余日之事，尽断毕了，投笔于地而对张飞曰："所废之事何在？曹操、孙权吾视之若掌上观纹，量此小县，何足介意！"张飞大惊，下席谢曰："先生大才，小子失敬。吾当于兄长处极力举荐。"（第 57 回）

后来刘备知道庞统是孔明、鲁肃推荐的人才，大惊曰："屈待大贤，吾之过也。"张飞将鲁肃的举荐信呈上，玄德拆视之。书略云："庞士元非百里之才，使处治中别驾之任，始当展其骥足。如以貌取之，恐负所学，终为他人所用，实可惜也。"忽报孔明回，笑曰："士元非百里之才，胸中之学，胜亮十倍。"玄德曰："若非吾弟所言，险失大贤。"遂拜庞统为副军师中郎将，与孔明共赞方略，教练军士，听候征伐。（第 57 回）

益州张松有过目不忘的才华，但也是长相丑。"额镶头尖，鼻偃齿露，身短不满五尺"。张去许都见曹操,欲向曹操献益州地图等物,曹见张"人物猥琐,五分不喜"。"又闻语言冲撞,遂拂袖而起,转入后堂"。后曹又与张有一次见面,当曹自夸"战无不胜"时,张却揭了曹的短处,曹盛怒,几乎要杀了张。张氏郁郁不欢地离开了许都。途中,张松转去刘备处,刘备热情地欢迎张,轻易地获取了张献的益州地图,为进攻益州提供了方便。设想要是曹操能够正确对待张松,不以貌取人,收纳张松,那么益州归属,将会是另一情况了。(第60回)

（二）袁绍以门第取人

门第,指整个家庭的社会地位和家庭成员的文化程度等。封建社会是等级森严的社会,官场是被统治阶级垄断的,所谓将门出虎子,达官有贵人。平民百姓是没有出头显耀的机会的。但处三国乱世,真正有所作为的,并不是那些掌权的达官贵族,而是从社会下层奋起的英杰之士。曹操起兵时,只是一个郡的都尉;刘备起兵时,也是织席贩履的贫民;孙权的父亲孙坚是长沙太守,属于诸侯。只有袁绍,是贵族出身,其家是四世三公,是门第最高的。由于所处的社会地位不同,所以他们对人才的态度也不同。袁绍是重视门第而取人的。

在《三国演义》有一个关公温酒斩华雄的故事。为讨伐董卓,各路诸侯会盟于洛阳,袁绍(字本初)因是汉朝名相的后裔,所以作了盟主。初与董卓交锋,遇董卓大将华雄出马,连斩盟军的大将鲍忠、祖茂,打败了鲍信、孙坚。袁术、韩馥的上将,也被华雄斩了,众皆失色。此时阶下一人大呼:"小将愿往斩华雄头,献于帐下。"袁绍问何人?公孙瓒曰:"此刘玄德之弟关羽也。"绍问现居何职?瓒曰:"跟随刘玄德充马弓手。"帐上袁术大喝曰:"汝欺我众诸侯无大将耶?量一弓手,安敢乱言,与我打出。"曹操急止之曰:"公路(袁术字)息怒:此人既出大言,必有勇略;试教出马,如其不胜,责之未迟。"袁绍说:"使一弓手出马,必被华雄所笑。"操曰:"此人仪表不凡,华雄安知他是弓手?"关公曰:"如不胜,请斩某头。"操教酾热酒一杯,与关公饮了上马。关公曰:"酒且斟下,某去便来。"出帐提刀,飞身上马。众诸侯听得关外鼓声大震,众皆失惊。正欲探听,銮铃响处,马到中军,云长提华雄之头,掷于地上,其酒尚温。后人赞曰:威震乾坤第一功,云长温酒斩华雄。(第5回)

（三）以己度人，杨修惨死

曹操进兵汉中时，被诸葛亮的疑兵阵打败，死伤极多，奔回阳平关，收兵于斜谷界口扎住。操屯兵日久，进退犹豫不决。适庖官进鸡汤，操见碗中有鸡肋，而有感于怀。正在这时，夏侯惇入帐，请问夜间口令，操随口说："鸡肋！鸡肋！"。

行军主簿杨修，是个非常聪明的人。他的聪明几次表现在能够窥测出曹操的内心，逐渐为曹操所厌恶。因杨修有文采，遇事精明，"笔下龙蛇走，胸中锦绣成"，成为曹操第三子曹植的好友。曹植爱杨修之才，常邀杨修谈论，终夜不息。曹操欲立曹植为世子。出题，欲考试曹丕、曹植的才干。每以军国之事问曹植，曹植所答如流，实皆杨修所教也。曹操知道后，大不高兴。杨修恃才放旷，数犯曹操之忌。才大欺主，曹操此时已有杀杨修之心了。

这次在汉中，当杨修见所传口令为"鸡肋"二字，便教随行军士，各整理行装，准备归程。夏侯惇知后大惊，问杨修何故？修曰："以今夜号令，便知魏王不日将退兵归也：鸡肋者，食之无肉，弃之有味。今进不能胜，退恐人笑，在此无益，不如早归：来日魏王必班师矣。故先收拾行装，免得临行慌乱。"夏侯惇曰："公真知魏王肺腑也。"遂也收拾行装。曹操得知后，唤杨修问之，杨修以鸡肋之意对答。曹操大怒曰："汝怎敢造言，乱我军心！"喝刀斧手推出斩之。将杨修的首级号令于辕门外。（第72回）可怜杨修，真是"身死因才误，非关欲退兵"。杨修以己度人，敏于识事，而不能明于识人。这是古往今来，许多缺少政治头脑的知识分子的通病，自以为聪明，但却将聪明用错了地方，因而惹来杀身之祸。

（四）曹操疑心被疑所误

人心难测。用人不疑，并不容易。诸葛亮智取汉中，用疑兵阵破曹。诸葛亮说："操平生为人多疑，虽能用兵，疑则多败。吾以疑兵胜之。"（第72回）

曹操攻下荆州，荆州原水军头领蔡瑁、张允对曹操辞色甚是谄佞。曹操遂加蔡瑁为镇南侯水军大都督，张允为助顺侯水军副都督。谋士荀攸曰："何故？"曹操笑曰："吾岂不识人？止因吾所领北地之众，不习水战，故且权用此二人；待事成之后，别有理会。"（第41回）这是曹操识人，对于有严重缺陷的人，也敢于使用，尽管是权宜之计。

蔡瑁、张允亲自训练水军，被周瑜暗窥水寨发现，大惊曰："此深得水军之妙也。"心想："二人久居江东，谙习水战，吾必设计先除此二人，然后可以破曹。"

正值曹操派周瑜的同窗老友蒋干（字子翼），往东吴来劝说周瑜归降曹操。周瑜则设计了"群英会蒋干盗书"的计谋。周瑜借初次战曹胜利，开群英会，喝得大醉，携蒋干入帐共寝。周瑜和衣卧倒，呕吐狼籍，不久鼻息如雷。蒋干见帐内桌上，堆着一卷文书，就起床偷看。发现有往来书信，内有一封，上写"蔡瑁、张允谨封"。蒋干大惊，暗读之。书略曰："某等降曹，非图仕禄，迫于势耳。今已赚北军困于寨中，但得其便，即将曹贼之首，献于麾下。"蒋干遂将书暗藏于衣内，熄灯就寝。听周瑜口内含含糊糊地说："子翼，我数日之内，教你看曹贼之首！"睡至五更，蒋干唤周瑜，瑜却睡着。蒋干则潜步出帐，下船，飞棹回见曹操。乞退左右，取出书信，将周瑜的梦话，逐一说与曹操。操大怒曰："二贼如此无礼耶！"即便唤蔡瑁、张允到寨下。曹操曰："吾欲使二人进兵。"蔡瑁曰："军尚未练熟，不可轻进。"操怒口："军若练熟，吾首级献于周郎矣！"蔡、张慌忙不能回答。操喝武士推出斩之。须臾，献头帐下。操方省悟曰："吾中计矣！"（第45回）

曹操中了周瑜的反间计，就是因为心里深藏有对蔡瑁、张允的"疑心"所致。

（五）诸葛亮感情用人，因人误事

诸葛亮尽管料事如神，也有识错人，用错人的时候。究其思想深处，是深藏一个"情"字而误事。这就是"诸葛亮挥泪斩马谡"的故事。

此事在史书上也有记载，主要说明诸葛亮执法严明。因街亭一败，使诸葛亮一出祁山，三城得而复失，前功尽弃。原因是用人不当，就是不该用马谡去御敌，这在史书上已成定论。但深思诸葛亮此败的根本原因，我们认为，是诸葛亮对形势的估计有误。过分高估了雍、凉地区的拥汉势力，过分相信拥刘兴汉的"正义之师"的感召作用。仅以五万蜀军，就企图直取长安，"如（街亭）所守无危，则是取长安第一功也"。（第95回）诸葛亮前者战败了不懂军事的夏侯楙，是以智胜愚而取胜的。这次魏主曹睿亲临长安，让老谋深算的司马懿领20万人马御敌，诸葛亮面对的是以智对智的较量，此时"善战者，必因机而立胜"。（《将苑·机形》）但北魏西部空虚之机，已经失去；而已方，兵力少，因占地增而分散；战局发展已经越来越不利于蜀。即使没有街亭之败，诸葛亮也得撤军，其势已定。诸葛亮之意是让马谡"当要路下寨"，只是挡住魏军的势头，争取后撤的时间而已。但马谡为显示其能，另走所谓的"险"棋，结果不仅是败，还因"违背命令"而被斩。如因实力相差悬殊而退败，则不一定是死罪，但"违令当斩"，是不可动摇的原则。否则，"用法不明"则无法带兵。马谡之错，不在于用"置之死地而后生"的兵法，实质是不识对手司马懿，是以"小智"对"大智"，必败。

这么重要的任务，诸葛亮为什么"违众拔谡"，力排众议，选用了马谡？是诸葛亮受"情"所误。诸葛亮的老友马良，在夷陵战役中牺牲了。所以诸葛亮对其弟马谡则愈加关注。马谡"才器过人，好论军计，丞相诸葛亮深加器异"（陈寿语）。这次北伐，任马谡为中参军安远将军，位在各将军之前，看来诸葛亮是有意重点培养他的，也算代已故的马良尽一份心。（第91回）

人是有感情的，如果识人带有个人感情色彩，再精明的人也会犯错误。刘备在临终前，听孔明介绍马谡是"当世之英才也"，则嘱咐说："朕观此人，言过其实，不可大用，丞相宜深察之。"（第85回）诸葛亮对此话却没有在意。诸葛亮所选的接班人如蒋琬、费祎、姜维等，都是德才兼备之士，为什么唯独对马谡的认识却出现如此大的偏差呢？

诸葛亮与马谡都是有才华之士，他对马谡"深通谋略"十分器重；谈论兵法，彼此有"共同语言"。感情能成就好事，也能"情迷双眼"，增加偏爱，使诸葛亮忽略或看不到马谡的短处。马谡用兵因脱离实际而败。诸葛亮用马谡领兵含有感情用事的因素，用非所长，终于因其短而误事，留下了终生的遗憾。

在识人用人中要避免感情用事，是很重要的。是人就有感情，有爱有恨，但也容易出现偏爱偏恨。由于感情有偏，则对所爱或所恨者，偏离了实事求是，在认识上难免不出现误差。奸佞之人，正是利用人们的这一弱点，投其所好，以假乱真，使人上当。这也是识人中一件难事。但又不得不注意，防止一种倾向掩盖着另一种倾向，造成失误。

九 从焚间书说领导者胸怀

（一）曹操焚间书

《三国演义》第30回，记叙了曹操焚间书的故事。

曹操与袁绍于官渡作战，囚曹操劫乌巢烧粮成功，袁绍军大败。袁绍急于渡河逃走，尽弃图书车仗金帛。曹操从所获遗物中，检出书信一束，都是许都及军中诸人与袁绍暗通之书。左右曰："可逐一点对姓名，收而杀之。"操曰："当（袁）绍之强，孤亦不能自保，况他人乎?"遂命尽焚之，更不再问。（第30回）

这则故事，反映曹操在待人问题上的宽容态度。这样做，至少有以下好处：一是宽容可团结人。曹操与袁绍是我弱敌强，曹知自己力不如人。"孤亦不能自保，况他人乎?"人家作投靠他人的打算，可以理解，不予追究，有利于队伍团结。二是宽让得人心，利于队伍合作。曹操虽然取得了官渡之胜，但袁绍并没有彻底失败，还有刘表、刘备、孙权与自己抗衡。对已经在自己一方的人，不计前嫌，网开一面，更能稳定人心，团结对敌。三是宽松待人，不咎既往，利于留住人才，争取人心。现在正是用人之际，烧掉这些"与袁绍暗通之书"是一种积极的攻心争取政策，此事涉及的"许都及军中诸人"，必然感恩于曹操，会更加卖力于曹。四是此举可树立曹操宽仁为政的形象，留下开明的美名，便于吸引河北等地区的贤人，投靠曹操。这是作为领导者化消极为积极的高明之举。

（二）刘备举贤"不避仇"

刘备攻占成都，也是宽厚地对待原来刘璋阵营中的人。玄德入成都，刘璋决计投降。郡内诸官，皆拜于堂下。惟有黄权、刘巴，闭门不出。这二人是坚决反对迎刘备入川的，但刘璋没有采纳。众将愤怒，欲往杀之。玄德慌忙传令："如有害此二人者，灭其三族。"玄德亲自登门，请二人出仕。二人感玄德恩礼，乃出。（第65回）后来刘备封刘巴为左将军，黄权为右将军。

刘备伐吴时，于猇亭尽驱水军，顺流而下，沿江屯扎水寨，深入吴境。黄权曾建议刘备说："水军沿江而下，进则易，退则难。臣愿为前驱，陛下宜在后阵，庶万无一失。"先主曰："吴贼胆落，朕长驱直入，有何疑乎？"众官苦谏，先主不从，遂分兵两路，命黄权督江北之兵，以防魏寇；先主自督江南诸军，夹江分立营寨。（第84回）刘备兵败夷陵时，到白帝城屯扎。黄权被吴兵隔断在江北岸，内无粮草，外无救兵，归蜀无路，降吴不可，不得已而降魏。当有近臣奏称："黄权引江北之兵，降魏去了。陛下可将彼家属送有司问罪。"刘备曰：黄权不得已而降魏，"是朕负（黄）权，非权负朕也。何必罪其家属？"仍给禄米以养之，待之如初。（第85回）黄权在魏，终不负蜀。黄权留在蜀中的长子黄宗官至尚书郎，后随诸葛瞻在绵竹抗拒邓艾，"率厉军士，期于必死，临阵见杀"，战死。

刘巴曾是刘备所讨厌的人。曹操征荆州，刘巴投操；刘备占了荆南三郡，刘巴则去交趾，后到了益州；刘备进益州，刘巴力劝刘璋不可；刘备进成都，刘巴闭门不出。刘备知其有才，则亲自登门，请其出仕。刘巴感激刘备的知遇之恩，乃出。当时成都军用不足，刘巴建议"铸值百钱，平诸物价，令吏为官市"。刘备从之，数月之间，府库充实。后刘巴为尚书令。"履清尚之节，是蜀臣之良矣。"（陈寿评）

（三）曹操赦人之过，唯才是举

前面也曾提过曹操待张绣，不计前仇，化敌为友，使张绣在曹操统一北方的征战中，立了汗马功劳。三国"建安七子"之一的陈琳，原是袁绍手下的人，曾为袁绍写下讨伐曹操的檄文，全部揭了曹操家族的老底，文辞很厉害。曹操击败袁绍后，并没有记恨于陈琳，相反，仍然重用陈琳之所长，

将陈琳留在身边，当起草檄文的官。（第32回）

张郃、高览，是袁绍的大将。曹操率轻骑劫击乌巢时，袁绍派张郃、高览攻击曹营，失败。袁绍听谗言遣使急召二人回寨问罪。二人知道不会有好结果，于是领本部兵马往曹营中投降。夏侯惇曰："张、高二人来降，未知虚实。"操曰："吾以恩遇之，虽有异心，也可变矣。"遂开营门命二人入。二人倒戈卸甲，拜服于地。操曰："今二将军肯来相投，如微子去殷，韩信归汉也。"遂封张郃为偏将军都亭侯，高览为偏将军东莱侯。二人成为曹军的干将。（第30回）

张辽原是吕布属下的大将，后被曹操所擒获，曹赦其过，不计前嫌，重用张辽（第20回）。在关羽归顺于曹营，在关羽于华容道义释曹操等关键时刻，张辽都有重要贡献。

曹操重用人才，不计前嫌，赦人之过，使曹操在征服了袁绍、杨奉等各路诸侯中，收降、聚集了大量人才。东吴孙权赞佩曹操的御将之术，说："至于御将，古之少有，比之于操，万不及也。"（《三国志·魏书·武帝纪》）

（四）识人、用人，要善于作转化工作

人才，是可以转化的。需要领导者的智慧、胸怀与真诚。创造条件，作转化工作，是高明的领导艺术。

曹操的焚间书，以宽容攻心，则反侧自消，化寒冰为春水；刘备、曹操唯才是举，不计前嫌，以真诚化敌为友，化干戈为玉帛。智慧来自慧眼识人。尊重人才，爱护人才。要真正"务揽英雄之心"，既要有识人的慧眼，更要有宽容与等待，有精诚所至，金石为开的宽阔胸怀。转化工作是十分重要的。古人留给我们的智慧，不仅是待人宽容、至诚，还有善于创造条件，作人才的转化工作，达到"唯才是举，吾得而用之"的目的。

十 从"三顾茅庐"看交人与沟通

（一）刘备"三顾茅庐"

"千军易得，一将难求。"得人关键在于交人。识人难，而结交为知己则更难。难在双方的情感沟通。在三国中，刘备是善于识人、交人的典范。

在《三国演义》第36—38回中记叙了刘备"三顾茅庐"的故事。刘备的"三顾"，自然是刘备的诚意所致。但从刘备到隆中，通过一路上的所见所闻，化解了心中的疑团来看，"三顾"也可以说是诸葛亮有意导演的"三试"。一方"三顾"以求贤，一方"三试"而择主，使年龄相差20岁的君与臣，达到如鱼得水，相信相知，这种人际交往沟通的艺术，留下了千年佳话。我们从沟通而相知的角度，试对"三顾茅庐"作以分析。

现代管理学的研究表明，我们工作中的70%的错误是由于不善于沟通造成的。不论君择臣，还是臣择君，要达到彼此理解合作，都离不开一个有效的沟通过程。沟通是实现我们的目标、满足我们的需要的重要工具。要了解人才，留住人才，不可不注意改进我们的沟通方式，提高沟通效果。

（二）疑团怎样化解

1. 百闻不如一见，在实际接触中消除疑虑。

刘备"一顾"隆中，未见到孔明。但听到"卧龙先生所作"的歌："南阳有隐居"。遥望卧龙岗清静异常，断定隐居者绝非凡人。见到孔明的朋友都是无意于功名的隐士，这让刘备验证了孔明是隐居的"奇人"的说法。二顾茅庐，刘备见草庐中门上大书"淡泊以明志，宁静而致远"的对联；听到诸葛均唱："凤翔千仞，非梧不栖；士伏一方，非主不依"。让刘备悟出孔明的志向与心境。

刘备问诸葛均曰："闻令兄卧龙先生熟谙韬略，日看兵书，可得闻乎？"均曰："不知"。问孔明何处闲游？均曰："或驾小舟游于江湖之中；或访僧道于山顶之巅；或寻朋友于村落之间；或乐琴棋于洞府之内：往来莫测，不知去所。"这与刘备"不甚好读书"、"专好结交天下豪杰"（第1回）的性情相通，使刘备解除了孔明是否为空谈儒生之嫌。

在刘备"一顾"、"二顾"过程中，孔明获得了那些信息？孔明通过自己的农友、朋友、弟弟、岳父的亲眼所见，验证了刘备的礼贤下士的仁德作风，求贤若渴的心境，匡济汉室的志向。刘备亲笔留下书信："……（备）虽有匡济之诚，实乏经纶之策，仰望先生仁慈忠义，慨然展吕望之大才，施子房之鸿略。"这也是孔明择主所期望实现的目标。孔明曰："足见将军忧民忧国之心。"（第38回）

2. 控制情绪，真诚融化坚冰。

在"一顾"、"二顾"中，他们之间的疑团应该已经解决了。为什么孔明还不出来，非得还有第三次"试"不可？因为诸葛亮对于刘备与关、张的关系过密；关张能否听命于刘备，关系到辅佐刘备的事业能否成功。"三顾"，与其说"试"刘备，不如说是孔明"试"关、张的反映。

刘备三顾茅庐，见孔明春睡未醒，玄德乃恭立于阶前耐心等候。孔明一磨酣睡，二磨翻身复睡，三磨整理衣冠；刘备则一谅其礼慢无尊，二容其春睡散懒，三等其磨蹭耗时。尽管急得张飞要放火烧房，玄德乃恭敬虔诚，一如既往。孔明是善于使用激将法的人，你越礼敬，我越傲慢，孔明暗中静观其变。

刘备则是目标坚定，又是善于表达情感的人。刘备在说服关、张时曰："孟子云：欲见贤而不以其道，犹欲其入而闭其门也。"孔明当世大贤，"吾正欲使孔明知我殷勤之意"。（第37回）并用"昔齐桓公欲见东郭野人，五反而方得一面"的典故说服了关、张。（第38回）最后孔明为刘备的真诚所感动，并认可关、张还是听命于刘备的，确信辅佐刘备，事业可成。孔明这才整衣出迎，拜曰："南阳野人，疏懒成性，屡蒙将军枉临，不胜愧赧。"玄德曰："愿先生以天下苍生为念，开备愚鲁而赐教。"于是孔明才将为刘备策划的"隆中对"和盘托出。

结论自然就是：刘备得孔明相助，刘备说："吾得孔明，如鱼得水。"遂拜为军师。孔明说："由是感激，遂许先帝以驱驰。"（《前出师表》）为刘备的事业奉献了终生。

（三）刘备"三顾茅庐"对管理的启示

刘备三顾茅庐，使双方在接触中，消除了各自心中的疑虑，建立了真诚的信任和友谊，实现了他们共同的目标。对我们今天的人际沟通与管理的有益启示很多，试谈以下三点：

1. 精诚所至，金石为开。有效的沟通关键在于彼此的感情真诚。

有效沟通，先要知己知彼。了解各自的愿望与存在的疑虑，通过真诚的沟通，消除感情上的障碍，达到交人交心，相信相知。刘备与诸葛亮之间，客观存在三个差距：年龄之差，刘备长于孔明20岁，宛如两代人；身份与经历之差，刘备是皇族后裔，久经沙场的将军，孔明是山野村夫，未出茅庐的儒生；学识与认识之差，一个是信誉著于四海的英雄，一个是满腹经纶的谋士。一个立志复兴，思贤若渴，一个静观待时，思盼明君。他们走到一起，虽然是历史的必然，但关键是彼此的感情精诚所至。刘备"三顾"，在对孔明的考察了解后，经历了感情的变化："一顾"时，是效仿先贤、猥自枉屈的择臣观察者；"二顾"时，则是顶风冒雪、留书明志的求贤拜访者；"三顾"时，择日沐浴，毕恭毕敬，俨然是对大贤的崇拜追随者。礼贤下士，耐心宽容，百折不挠，一片真诚。"三顾茅庐"成了求才至诚的佳话。

2. 用对方容易接受的方式，相互传递正确的信息，彼此同向而行。

沟通是双向的、交流思想情感以及各自期望的过程。既要收集信息，又要给予信息。目的是使所传递的正确信息能被对方所接受。所以，传递信息的方式往往决定了相互沟通的结果。诸葛亮导演的"三顾"，就是创造宽松适宜的条件，彼此在自然思索中，领悟真情。"三顾茅庐"成了沟通之妙的佳话。

刘备是"君在择臣"，因此是居高临下，直接观察，相信直觉。对诸葛亮是亲自去见、去请；通过自己的眼看、耳闻，去判断与收集对方的必要的信息（如志向、学识、性格等）。诸葛亮本身是希望刘备能了解自己的，所以就采取了如提供场景、通过知己、友人、亲人的间接介绍，让刘备间接领悟，以接受自己传递的正确的信息；同时，也从对方的情绪反馈中，了解对方。如孔明对自己的志向（如非梧桐不栖，非明君不依）是通过其弟诸葛均的歌让玄德领悟的；孔明的博学、求实，是通过其友崔州平和石广元等的言谈让刘备体悟的；孔明的坚定性格"骑驴过小桥，独叹梅花瘦"，是通过其岳父所唱的孔明作的"梁父吟"而介绍的。这是孔明用自然方式传递的信息，介绍自己，并为刘备所领悟，使之坚信孔明正是自己所寻求的大贤，逐步消除对儒生空谈的疑虑，为合作打下基础。

诸葛亮是"臣在择君"，用的是暗中观察，间接审视。刘备发布自己的正确信息，也是直接表达。他通过自己的言谈、书信和礼敬举止去表达自己的情感与心境，表达求贤的真诚与耐心。是以一个有抱负、有自信、善宽容的明君的身份体现求贤的真诚。让对方直接感知，一目了然。诸葛亮则通过自己信任的人的侧面观察，去收集对方的必要的信息（如刘备的志向、心胸、性格等）。诸葛亮也是通过自己的知心朋友的设问，来测试刘备的诚意与度量的。如崔州平所用的诳语："将军欲使孔明斡旋天地，补缀乾坤，恐不易为，徒费心力耳！"泼一瓢冷水试之。二顾时，石广元曰："吾等皆山野慵懒之徒，不省治国安民之事，不劳下问。"又泼冷水试之。这是从刘备的情绪反馈中，考察刘备之志的坚定，验证刘备的名与实。

　　彼此用让人容易接受的方式，通过直观的适宜的方法，表达各自的内心世界，体现自己的能力与自信。因此通过沟通，加深了解，彼此建立起深厚的友谊。

　　3. 掌控自己的情绪，设身处地为对方着想，真诚可融化坚冰。

　　从心理学的角度看管理，管理的成功与否，取决于管理者的心态、情绪。人的交往的成功与否，也是取决于对自己情绪的掌控。古人云：士为知己者死，神为通己者明。人之相知，核心在于感情的沟通，心灵的沟通，这一切离不开个人情绪的掌控。刘备的交人艺术，在于情绪的掌控，以心相交，细微之处体现宽容与真诚。

　　孔明为考察刘备对关、张的控制能力，在草庐之中，屡屡表现出不合情理的举动：一是傲慢不敬；二是懒散睡卧；三是磨蹭整衣。实是以激将法，观察刘备和关、张的情绪。刘备效仿圣人见贤之道，真诚谦卑坚定，携兄弟共三人，三顾茅庐拜访孔明。你越傲慢，我越礼敬；你越高卧不醒，我越毕恭毕敬，立于阶下，等待多时。关、张虽有想法，为了刘备求贤大局，只好服从与忍耐。精诚所至，金石为开。刘备的自信，意志的坚定，态度的虔诚，令诸葛亮十分感动，"茅庐三顾心相知"。于是孔明不仅拿出了早就为刘备准备好的"隆中对"规划，而且收拾琴书离陇亩，与刘备同归新野，"玄德待孔明如师，食则同桌，寝则同榻，终日共论天下之事"（第38回）。

　　在现代的社会，人的交往对于事业的成功更是重要。美国有名的钢铁大王安德鲁·卡耐基就是善于团结和使用人才的人，旗下有43个百万富翁为他工作。当被问到这些为他工作的人为什么这样珍贵？卡耐基回答说：不是他们关于钢铁的知识而是关于人的知识使他们更有价值。他们都是能与他人有效合作的优秀的沟通者。能与他人有效地沟通与合作，是成为佼佼者的必备条件之一。

十一 曹操用人，唯才是举，不拘一格

（一）"吾任天下之智力，以道御之，无所不可"

曹操在汉末群雄中，十分注重网罗人才。剿灭黄巾军在兖州刚立住脚，就各处招揽贤士，延揽人才。一时间，荀彧、荀攸、程昱、郭嘉、刘晔、庞宠等人才学士，皆归于帐下，形成了"猛将如云，谋臣如林"的智囊与人才群体。更为可贵的是曹操善于使用人才，把关键的人放在关键的岗位上，做到人尽其才，各得其所，治理的绩效斐然。

南宋史学家洪迈在《容斋随笔》卷十二中，专写"曹操用人"一则，他说："然知人善任使，实后世之所难及。荀彧、荀攸、郭嘉，皆腹心谋臣，共济大事，无待赞说。其余智效一官，权分一郡，无大无小，卓然皆称其职。"洪迈连举十例，证明曹操用人之效。

在《三国志·魏书》中，对洪迈所举人物均有列传加以阐述。

位列三公的如钟繇——曹操称其为"萧何"；"朝廷无四顾之忧，足下之勋也。"文帝曹丕时，迁为太尉。曹丕曰："此三公者，乃一代之伟人也，后世殆难继矣！"

施政安民有方的刺史。如扬州刺史刘馥，"数年中恩化大行，百姓乐其政"。并州刺史梁习，"政治常为天下最"。

德能业绩显著的郡守，如任峻："（因屯田有功）军国之饶，起于枣祗而成于峻。"封为长水校尉。西平太守，河东太守杜畿："畿在河东十六年，常为天下最。"

如郑浑——曹操时为丞相掾，开稻田，为丰民之本，"民得财足用饶"等。

上述各位，从三公、刺史、太守、校尉，覆盖了官吏的各个层面，证明曹操知人善任，因人授职，各尽其能。

（二）从曹操的"求贤令"看"唯才是举"的用人思想

在《三国志·魏书》和《曹操集》中，载有曹操于建安八年至建安二十二年（公元203—217年）发布过四次"招贤令"，阐述了曹操的用人思想。

第一，建安八年（公元203年），针对朝中对军吏有功，但德行不足者的议论，发布《论吏士能行论》，其中说："故明君不官无功之臣，不赏不战之士；治平尚德行，有事赏功能。"提出多事之秋与升平之时的人才标准不可相提并论。

第二，建安十五年（公元210年）春，下《求贤令》，主张"唯才是举"：

"今天下尚未定，此特求贤之急时也。""若必廉士而后可用，则齐桓其何以霸世？今天下得无有被（pi 同披）褐（粗布衣服）怀玉而钓于渭滨者（姜子牙）乎？又得无盗嫂受金（被受污名）而未遇无知者（指陈平）乎？二三子其佐我明扬仄陋，唯才是举，吾得而用之。"

主张用人不能循规蹈矩，要善于发现身处窘境，蒙受污名，而有真才实学的如姜子牙、陈平那样的人才。不能拘泥于公认的"孝廉"之士。

第三，建安十九年（公元214年），作《勑有司取士勿废偏短令》：

"有行之士，未必能进取，进取之士，未必能有行也。陈平岂笃行，苏秦岂守信邪？而陈平定汉业，苏秦济弱燕。由此言之，士有偏短，庸可废乎！有司明思此义，则士无遗滞，官无废业矣。"

曹操提出了取长避短，量才不可求全的观点。对于汉末的社会实际，是有创造性的措施。

第四，建安二十二年（公元217年），曹操又下《举贤勿拘品行令》：

"昔伊挚、傅说出于贱人；管仲，桓公贼也，皆用之以兴。萧何、曹参，县吏也；韩信、陈平负污辱之名，有见笑之耻，卒能成就王业，声著千载。吴起贪将，杀妻自信，散金求官，母死不归，然在魏，秦人不敢东向，在楚则三晋不敢南谋。今天下得无有至德之人放在民间，及果敢不顾，临敌力战；若文俗之吏，高才异质，或堪为将守；负污辱之名，见笑之行，或不仁不孝而有治国用兵之术：其各举所知，勿有所遗。"

要敢用别人不敢用的人才，"勿拘品行"的实质，是对"有治国用兵之术"者，不要以小疵而妨碍大才的任用。此时，曹操已经 63 岁了，如此呼吁，说明他对后备人才的渴望。曹操认为，乱世需要力挽狂澜的卓异之才；下僚俗吏中不乏高才异质，不齿于名教者，却有"治国用兵之术"。

曹操的"唯才是举"思想，是为了打破用人上的儒家偏见，拘泥于所谓的"孝廉"，呼吁从"下僚俗吏"、平民隐士中招募有"治国用兵之术"的各类人才，无疑是一种变革精神。

十二 孙权用人不疑，大胆授权

"用人不疑"，是自古以来用人的一条基本原则。凡是有作为的领导者，都坚持这一原则而成就了大业。《三国演义》中，孙权临危授权，重用周瑜、陆逊，就是成功的例证。

《三国演义》第 44 回：在赤壁之战前，面对曹操"欲与将军会猎于江夏"的战书，东吴内部进行了激烈的辩论：文官主和，武将主战，形势是战则尚存，不战必亡。孙权不主张降曹，但又担心曹军势大难敌，决心一时难下。鲁肃引诸葛亮来到江东，周瑜也从练兵的鄱阳湖赶回柴桑议事。经过孔明与周瑜对曹军利弊的分析，认为曹军"以久疲之卒，御狐疑之众，其数虽多，不足畏也"。周瑜请命："瑜得五万兵，自足破之，愿主公勿以为虑。"孙权曰："公瑾此言，足释吾疑。""卿可与子敬、程普即日选军前进。孤当续发人马，多载资粮，为卿后应。卿前军倘不如意，便还就孤。孤当亲与曹贼决战，更无它疑。"孙权封周瑜为大都督，程普为副都督。并将自己所佩之剑赐周瑜，说："如文武官将有不听号令者，即以此剑诛之。"（第44回）周瑜被授予全权，于是施计用谋，精心策划，全力以赴，终于取得赤壁之战的胜利。

《三国演义》第83回：守江口书生拜大将。刘备为报关羽之仇，用倾国之兵伐吴，乘势追杀，遂得猇亭。吴兵四散逃走。孙权派人议和，被刘备拒绝，怒气不息，定要灭吴。孙权大惊，举止失措。阚泽出班举荐陆伯言，曰："此人名虽儒生，实有雄才大略，以臣论之，不在周郎之下；前破关公，其谋皆出于伯言。主上若能用之，破蜀必矣。"张昭、顾雍等认为"不可"、"非宜"。阚泽大呼曰："若不用陆伯言，则东吴休矣，臣愿以全家保之。"孙权曰："孤亦素知陆伯言乃奇才也；孤意已决，卿等勿言。"于是命召陆逊。权曰："孤亦素知卿才，今拜卿为大都督，卿勿推辞。"权取所佩之剑与之曰："如有不听号令者，先斩后奏。"并连夜筑坛完备，大会百官，请陆逊登坛，拜为大都督、右护军镇西将军，进封娄侯，赐以宝剑印绶，令掌六郡八十一州兼荆、楚诸路军马。次日，陆逊传下号令，教诸将各处关防，牢守隘口，不许轻敌。陆逊的谋略是："刘备举兵东下，连胜十余阵，锐气正盛；今只乘高守险，不可轻出，出则不利。但宜奖励将士，广布守御之策，以观其变。今彼驰骋于平原广野之间，正自得志。我坚守不出，彼求战不得，必移屯于山林树木间，吾当以奇计胜之。"刘备怒而轻敌，结果被陆逊烧营七百里，蜀军大败。

孙权用人能充分信任，授予全权。视诸将如骨肉；诸将对孙权推心置腹，效命沙场。"故能用众力，则无敌于天下；能用众智，则无畏于圣人。"（《三国志·孙权传》注引）

授权，是一个事业的成功之途径。它使每个人感到受重视，被信任，有责任感，个人才能发挥所长，组织才有新鲜活力。《孙子兵法》就说："将能而君不御者胜"，就是主张合理授权。在军事上如此，在企业经营中也是如此。权责明确，"充分授权"是领袖群体相互信任、相互合作的最佳手段。

十三 刘备会用人，能团结人，终成大事

通观《三国演义》刘备事业成功的一条秘诀，就是会用人，能团结人。

清代学者赵翼在《二十二史札记》中评论刘备说："寄人篱下，无寸土可以立业，而数人者患难相从，别无二志，此固数人者忠义，而刘备亦有深结其隐微而不可解者矣！"

所谓"深结其隐微"，就是"务揽英雄之心"，深结其心，振奋其志，成就其业，使人实现其自身的价值。核心是从下属与社会中，挖掘有真才实学的人才。

刘备交人的条件与曹操不同。曹操身居官宦，自实行"挟天子而令诸侯"，迎汉献帝于许都后，曹被封为大将军、丞相，有权代表国家，发"招贤令"，"唯才是举"，因而聚集人才，有为曹操的雄才大略所吸引而来的，有为拥汉朝廷而来的，有大族名士为求仕途而来的。这是曹操占有的"天时"条件；刘备虽有皇室后裔的出身，但经时久远，实已沦落为普通贫民，"少时曾与母贩履织席为业"。刘备集团是由下层豪侠武人起家；如关、张、赵等。刘备虽曾就学于名士卢植，但他的兴趣"不甚乐读书，喜狗马"，志趣风格与名士迥异。所以他所能网罗的，愿意与他接近的，主要还是一些寒门下士。然而，就是地位卑微，没有立足之地的刘备，最终却成就了天下三分有其一的蜀汉事业，关键在于刘备知人识人，会用人，善于团结人。

刘备会用人，能团结人，从根本上说，在于他有凝聚人心的雄才大志和人格魅力。他为人正派，胸怀坦荡，以诚待人，信守忠义，严责己，宽待人，使跟随他的人能成为知音知己；他创业目标明确，奋斗精神不衰，即使势穷力孤，依附他人时，也始终保持进取精神和独立人格。他用爱民忠君的目标凝聚人心，使正义豪侠之士，感到跟着他，奋斗有目标，精神有寄托，前途有希望，所以愿意聚集在他的旗帜之下。刘备以德聚人，结其心同其志，同甘苦共患难，"得人以死力"，为兴复汉室的政治目标奋斗。

除了刘、关、张"桃园三结义"，除了刘玄德"三顾茅庐"请诸葛亮出山这些典故之外，还有许多感人的故事。刘备在徐州，得陶谦的别驾糜竺（当地富豪）相识，成为亲家；在荆州，幕宾伊籍因仰慕刘备，从而两次通报消息，救玄德脱险（第34回）成为心腹谋士；与孔明齐名的庞统初投刘备时，只安排做个县令；后知庞统确有大才，刘备马上检讨说："屈待大贤，吾之过也！"遂下阶请罪，拜庞统为副军师中郎将，与孔明共赞方略。

进兵益州，张飞粗中有细，义释老将严颜。得严颜相助，顺利到达雒城。张飞引严颜见玄德，玄德谢曰："若非老将军，吾弟安能到此？"即脱身上黄金锁子甲以赐之。（第64回）严颜后来取汉中有功，被安排镇守巴东。

进益州后，刘备自领益州牧，对所降文武，尽皆重赏，定拟名爵：严颜为前将军，法正为蜀郡太守，董和为掌军中郎将，许靖为左将军长史，刘巴为左将军，黄权为右将军等。（第65回）刘备得法正之谏：曹操得陇而不望蜀，是失计也；"近张郃新败，天荡失守，主公若乘此时，举大兵亲往征之，汉中可定也。既定汉中，然后练兵积粟，观衅伺隙，进可讨贼，退可自守。此天与之时，不可失也。"（第70回）刘备依法正之谋取得汉中。刘备进位汉中王时，封法正为尚书令。（第73回）

马超原是被张鲁派来进攻刘备的，经诸葛亮的谋划，使之弃暗投明，归降了刘备。刘备则亲自接入，待以上宾之礼。马超为刘备和平入主成都立了功。荆州长沙的老将黄忠，攻取天荡山，斩魏军主将夏侯渊，为取汉中立了头功。因此刘备自立汉中王时，封马超、黄忠均为五虎大将之一，与关羽、张飞、赵云并列齐名；魏延取汉中有功，被破格提拔为汉中太守等。

刘备善于团结人，会用人，司马光在《资治通鉴》中是这样评价的：

"董和、黄权、李严等，本（刘）璋之所用也；吴懿、费观等璋之婚亲也；彭羕（刘）璋之所摒弃也；刘巴，宿昔之所忌恨也；备皆处之显任，尽其器能，有志之士，无不竞劝，益州民众，是以大和。"（《资治通鉴》卷六十七·汉纪五十九）

上述任命中，刘备的原班人马基本没有提升，而益州刘璋所用者，舍短用长，都在原职位上给予任用提升，并安排在重要岗位，体现了"玄德宽宏大度"及以蜀人治蜀的战略思想。

刘备尽管起点低，基业差，又无先天的政治军事势力可作凭借，但他有知人之明，用人之量，历尽艰辛，终于最大限度地收揽了南方和北方的文武人才。形成了蜀汉政权的基本班底。创造了北方人与南方人合作共事、"外来干部"与"本地干部"团结合作，成就事业的良好局面。

三国的曹操、孙权、刘备，均能知人善任，但各自的特点不同。现代管理中也要知人善任，也可从古人的智慧中吸取营养以借鉴。

十四 信任是力量的源泉

"士为知己者死"，是儒家重信义的价值观。在三国中，由于君主以礼待臣，信任属下，臣以忠义事君，舍身为国，说明真诚与信任就是莫大的激励。相信相知，是知人善任的前提。有许多例证可以说明。

（一）典韦舍身救曹操

在魏方，曹操创业初期，在兖州招贤纳士。夏侯惇外出射猎，发现典韦逐虎过涧，力大无穷，遂收于军中，并举荐给曹操。曹操对典韦十分看重，曰："吾观此人容貌魁梧，必有勇力。"遂命典韦为帐前都尉，解身上锦袄，及骏马雕鞍赐之。（第10回）典韦很感激。后来曹操夜袭吕布，中了埋伏，箭如骤雨射来，无计可脱。此时典韦从马队中跃出，手挺双铁戟，大叫："主公勿忧！"冲杀过去，敌方四将对典韦都无法阻挡，典韦杀散敌军，救出曹操。（第11回）曹操征荆州，至宛城，与张绣交战。张绣夜袭曹营，曹操出战不利，轻骑引去。典韦则战于营门处，掩护曹操，只身领十余人，皆殊死战斗，被创数十处，战亡。曹操闻典韦死，流涕哀伤，亲临其丧，拜其子满为郎中、司马。

（二）赵子龙单骑救主

在蜀方，曹军南下，刘琮降曹，刘备兵败当阳，军马四分五散。赵云负责保护刘备妻小，但被冲散，一干人皆不知下落。糜芳身受数箭，带伤来见刘备，说："赵子龙反投曹操去了"。玄德叱曰："子龙是我故交，安肯反乎？"张飞说："他今见我等势穷力竭，或者反投曹操，以图富贵耳！"玄德曰："子龙从我于患难，心如铁石，非富贵所能动摇也。"糜芳曰："我亲见他投西北去了。"玄德曰："子龙此去，必有事故。吾料子龙必不弃我也。"原来赵云与曹军厮杀到天明，寻不见玄德，又失了玄德老小。自思："主人将甘、糜二夫人与小主人阿斗，托付在我身上；今日军中失散，有何面目去见主人？不如去决一死战，好歹要寻主母与小主人下落！"结果，赵云身陷敌阵，终于杀出一条血路，救出幼主阿斗，留下了"赵子龙单骑救主"的佳话。（第41回）

（三）诸葛瑾笃慎如一

类似的故事也发生在东吴。虞傅《江表传》记载这样一件事：当诸葛瑾（字子瑜）在南郡，有人密馋诸葛瑾，妄语流传于外。陆逊上表保诸葛瑾无事。孙权曰："子瑜与孤从事积年，恩如骨肉，深相明究，其为人非道不行，非义不言。"并说：玄德昔遣孔明至吴，孤尝派子瑜劝说孔明归吴，子瑜答孤言：弟亮已答应跟随刘备，"委质定分，义无二心，弟之不留，犹瑾之不往也。"孙权说："孤与子瑜，可谓神交，非外言所闻也。"《三国演义》第44回，也有类似的记载。孙权对诸葛瑾相知深切，所以敢直接将所闻妄语谗言，"封示子瑜"，并将自己的看法告诉诸葛瑾，可谓神交知己。

诸葛瑾事吴终生，官至大将军。《吴书》曰："初，瑾为大将军，而弟亮为蜀丞相，二子恪、融，省典戎马，督领将帅，族弟诞又显名于魏，一门三方为冠盖，天下荣之。瑾才略虽不及弟，而德行尤纯。"

"信任是力量的源泉"，说的是君对臣、臣对君的相互信任，是巨大的感情激励。实践"士为知己者死"的诺言。马不激不跃，士不激不奋，人是需要激励的。激励是人事管理中一个重要课题。

激励是一种外在的精神的推动力、感召力、影响力，达到激发将士的内在潜能的作用。诸葛亮在《将苑》中也专有"厉（励）士"一章，说："夫用兵之道，尊之以爵，瞻之以财，则士无不至矣；接之以礼，厉之以信，则士无不死（拼命）矣；蓄恩不倦，法若画一，则士无不服矣；先之以身，后之以人，则士无不勇矣；小善必录，小功必赏，则士无不劝（说服、勉励）矣。"这里说的是励士的五种方法：一是给予尊重爵位、财资利益，以物质名利激励人；二是以礼以信，爱之敬之，以结其心，以情感激励人；三是恩威并济，公正公平，以公正无私激励人；四是以身作则，奋勇当先，以自身品德形象激励人；五是关心鼓励，录善赏功，及时奖励，调动对方的积极因素，使之进行自我激励，积极向上。

十五 《三国演义》中的励士智慧

（一）领导者的品德激励

黄石公的兵书《三略·上略》说："以身先人，故其兵为天下雄。"天下雄者，天下无敌也。"以身先人"，领导者，将帅，作战冲锋在前，言行为人师表，这是榜样的力量，是无形的精神激励，品德激励。

在东吴，孙策、甘宁冲锋在前。孙权的哥哥孙策，作战勇猛，有"小霸王"之称。在平定江东过程中，每战，必冲锋在前。他的副将张纮劝阻他说："夫主将乃三军之所系命，不宜轻敌小寇，愿将军自重。"孙策回答："先生之言如金石，但恐不亲冒矢石，则将士不用命耳！"在他的带领下，大败严白虎，占领吴郡。（第15回）孙权与曹操战于濡须口。曹操率兵远来，孙权拟出兵偷袭曹营，挫其锐气。甘宁自告奋勇曰："宁今夜只带一百人马去劫曹营。"孙权为壮其志，乃调拨帐下一百精锐马兵，交付甘宁，又以酒、肉，赏赐军士。出征前，甘宁教百人列坐，举杯共饮以壮行色。约至二更后，取白鹅翎一百根，插于盔上为号，披甲上马，飞奔曹营。径奔中军来杀曹操，但曹操有备，皆不得入。甘宁乘夜只将百骑，左冲右突，所向无敌。曹军不知敌兵多少，自相扰乱。在吴军接应下，甘宁不损一兵一卒，安然回营。甘宁身先士卒，百骑协力同心，大胜。（第68回）

在北魏，曹操身先士卒。战袁术，攻寿春，遇到顽抗久攻不下。曹下令："如三日内不拼力破城，皆斩！"操亲至城下，城上矢石如雨，"操下马接土填坑。大小将士无不向前，军威大振。"（第17回）曹操攻南皮，战袁谭，一时胜负未分。操见状，"弃马上山，亲自击鼓。将士见之，奋力向前，谭军大败"（第33回）。

在西蜀，诸葛亮体恤士卒，言而有信。蜀军五出祁山时，魏兵突然来攻，情况危急。正当两拨兵士换防时间到期，诸葛亮说："吾统武行师，以大信为本"，决定照常换防。此举感动了即将换防的将士，决心随丞相出战。结果蜀军采取以逸待劳之法，乘魏军立寨未稳，迅猛出击，大败魏军。（第101回）

品德激励，是领导者身先士卒，心恤卒伍，在将士中产生的感召力。"其身正，不令而行。"（《论语·子路》）领导的表率就是无声的命令，其威力无穷。

（二）"尊之以爵，瞻之以财"

"尊之以爵，瞻之以财"就是授以爵位，赐以钱财，以物质和精神奖励、激励将士。这是最为广泛采用的一种激励形式。这在《三国演义》故事中，多有记载。

在魏：曹操在兖州得力士典韦，十分喜爱。营中有一面大旗，将被大风吹倒，典韦见状，冲上去，双手执住旗杆，立于风中，岿然不动。操赞曰："此古之恶来（商纣王有勇力的大臣）也。"遂封典韦为帐前都尉，并以鞍马雕鞍赐之。（第10回）许褚是曹操在葛陂俘获的勇将，曹操亲解其缚，许褚感动投降，"曹操拜许褚为都尉，赏劳甚厚"（第12回）。

在吴：甘宁百骑劫魏营回，孙权亲自迎接，赞曰："将军此去，足使老贼惊骇。"赐绢千匹，利刀百口。宁拜受讫，遂分赏百人。（第68回）

在蜀：刘备拿下成都后，封赏文武官员。对所降文武，定拟名爵。共60余人，并皆擢用。奖励关羽"黄金五百斤，白银一千斤，钱五千万，蜀锦一千疋"，其余官将，给赏有差。开仓赈济百姓，军民大悦。（第65回）诸葛亮回汉中，赵云一部，不曾折一人一骑，不折辎重等器，诸葛亮"取金五十斤以赠赵云"，又拿绢一万匹赏赵云部卒。（第96回）

金钱奖励、实物奖励、爵位奖励，依对象功绩的不同，酌情施赏。目的在于激励众人，点亮一盏灯，照亮一片天，激励一批人，调动众多人的积极性。

（三）以情感激励

以情动人，就是非物质激励，属于精神激励的内容。"接之以礼，厉之以信，则士无不死矣。"用礼仪待人，示以尊重，使人感动。以诚信待人，施以真诚，使人心服。领导者要善于运用感情激励众人，才能揽众英雄之心。

孙权在与曹魏作战中，几遇险境。周泰不顾个人安危，"身被数枪，箭透重铠"，三次冲入敌营，把孙权救了出来。孙权十分感动，孙权设宴，亲自把盏，抚其背，泪流满面。曰："卿两番相救，不惜生命，被枪数十，肤如刻画，孤亦何心不待卿以骨肉之恩、委卿以兵马之重乎？卿乃孤之功臣，孤当与卿共荣辱、同休戚也。"孙权令周泰解衣与众将观之：皮肉肌肤，如同刀剜。孙权手指其痕，一一问之。周泰具言战斗被伤之状。一处伤令喝一斛酒。是日周泰大醉，孙权以青罗伞赐之，令出入张盖，以为显耀。对战死众将，一一抚恤。（第68回）

曹操谋士郭嘉（字奉孝）在北征乌桓途中于易州病逝。曹操回师后，亲往祭之，大哭曰："奉孝死，乃天丧我也！"（第33回）赤壁战后，曹操从华容道脱险，逃到南郡，在众将面前，仰天大恸："吾哭奉孝耳！若奉孝在，决不使吾有此大失也！"并呼："哀哉，奉孝！痛哉，奉孝！惜哉，奉孝！"众谋士皆默然自愧。（第50回）曹操是以怀念郭嘉之深情，激励众谋士献计尽责。

诸葛亮挥泪斩马谡，"将首级遍示各营"，"以励三军"。这里的"励"就是反激励，以法警示三军。又把其首级"用线缝在尸上，具棺葬之；（孔明）自修祭文享祀；将谡家小加以抚恤，按月给予禄米。"（第96回）这是以情励士，执法不忘用情。诸葛亮用法与情相结合激励人心，并且自己主动承担街亭失守的责任，向后主表奏，自贬三等。既严肃军纪，又教育活着的人。

金钱、爵位的激励，是有效力的，但也是有限度的；信任的激励，感情的激励，理想价值观念的激励，用得适时、适当，则能激励人心，启发人的觉悟，更能产生长远而持久的效果。激励要坚持物质鼓励与精神激励相结合的原则。

十六 赏罚与激励

（一）"二柄者，刑德也"

赏罚与激励的关系。赏是一种激励，前面已经说及；此处着重说罚的激励作用。如果将赏视作正激励，那么，罚就是反激励。

赏罚是属于法治问题。韩非子将"赏罚"作为君主治国治吏的统治手段。他在《二柄》中说："明主之所导制其臣者，二柄而已矣。二柄者，刑德也。何谓刑德？杀戮之谓刑，庆赏之谓德。"赏罚，就是君主治国、导制群臣的两个权柄，或者称两个统治手段。赏罚互相依存，缺一不可。

赏罚也是兵家统御军队的手段。军队令行禁止，步调一致，才有战斗力。因此，孙子在兵法中，将"赏罚孰明"作为判断战斗力强弱的因素。军令如山，赏罚分明，赏以兴功，罚以禁奸，军队就能打胜仗。

从管理学看赏罚，赏罚既是管理手段，也是管理艺术。企业管理者认为，赏罚属于管理过程的控制环节，是领导者实现管理目标的控制手段，利于目标的实现者则奖，不利于目标的实现者则罚；同时，赏罚也作为管理中的激励手段，属于领导者团结下属，激励士气的领导艺术。对于管理者而言，赏罚是领导者运用权力、施展权威的管理艺术。说赏罚是管理，是具有权威性的管理手段，是因为任何赏罚都必须有章可循，有理可依；说赏罚是运用权力的艺术，是说实施赏罚，要依情而定，因时而为，轻重有别，赏罚各异，以实施效果最佳为原则的。

对于人才的培养、使用、管理而言，赏罚是激活人才潜能的重要手段。赏，是肯定正确、鼓励上进、鼓励创新的正激励；罚，是否定错误、纠正偏差、约束退败的负激励。赏罚相辅相成，从正反两个方面，规范人的行为，振奋人的精神，激发人的潜能，调动人的积极性。因此可以说，赏罚问题的实质，也是激励问题。

赏罚之有益、有效，可起到对众人激励、教育、引导、规范的作用，关键在于实施或执行赏罚的人，要坚持"三公"的原则：公开、公正、公平。公开——因为赏罚的目的是通过对个别的人和事的赏或罚，对众人起到教育、规范的作用，所以必须坚持公开的原则，不能悄悄地进行；公正——公正合理，有理有据，实事求是，才能令人信服；公平——就是无偏颇，赏也好，罚也好，就事论事，不论亲疏，一视同仁，使人信服。

《三国演义》记叙的治国治军的故事中，有许多领导者公平赏罚的经验智慧，也有因赏罚不当而失掉人心，以致酿成败亡的悲惨教训。下面举几例教训。

（二）董承责罚家奴，因小失大，泄密被斩

汉献帝因不满曹操在朝中的专横，密书"衣带诏"，交付国舅董承，实施谋杀曹操的计划。董承找到太医吉平，使之见了"衣带诏"，吉平趁曹操中风头痛，欲用药中下毒的办法，说"操贼性命，只在某手中。"董承曰："若如此，救汉朝社稷者，皆赖君也！"吉平辞归，董承心中暗喜。

董承步入后堂，忽见家奴秦庆童与侍妾云英在暗处私语，承大怒，唤左右捉下，欲杀之。夫人劝免其死，各人杖脊四十，将庆童锁于冷房。庆童怀恨，黄夜将铁索扭断，跳墙而出，径入曹操府中，告有机密事。曹操唤入密室问之。庆童说：王子服、吴子兰等"五人在家主（董承）府中商量机密，必然是谋丞相。家主将出白绢一段，不知写着甚的。今日吉平咬指为誓，我也曾见"。曹操藏匿庆童于府中，董承以为逃往他方去了。

次日，曹操诈患头风，召吉平用药。吉平于药中下毒，曹让吉平先嚐，从而败露。进而，董承一干人等被捉，各自全家老小，共 700 多人被杀。（第23 回）

董承责罚家奴，因小失大，家奴怀恨告密，结果计划落空，全家被斩。

（三）关羽责罚副将，内部失和而丢荆州

《三国演义》第 73 回：费诗传汉中王刘备之旨，令关羽领兵取樊城。云长领命，即时便差傅士仁、糜芳二人为先锋，先引一军于荆州城外屯扎，一面设宴城中，款待费诗。是夜城外寨中起火，是傅士仁、糜芳饮酒，帐后遗火烧着火炮，损失惨重。云长召傅、糜二人责之曰："吾令汝二人作先锋，不曾出师，先将许多军器粮草烧毁，火炮打死本部军人。如此误事，要你二人何用？"叱令斩之。费诗劝告曰："未曾出师，先斩大将，于军不利，可暂免其罪。"云长乃唤武士，各决四十，摘去先锋印绶，罚糜芳守南郡，傅士仁守公安。且说："吾若得胜回来之日，稍有差池，二罪俱罚。"后来东吴吕蒙用计，袭取荆州，傅士仁"想关公去日恨吾之意，不如早降"，于是到荆州，投降了东吴，并说服糜芳也受招安。

自然，关羽失荆州原因很多，有关羽的原因，也有刘备、诸葛亮对东吴取荆州的图谋轻视所至。但从管理角度分析，大战在即，关羽骄横，对副将的惩罚失当，也是诱因之一。

（四）张飞之死的遗憾

《三国演义》第 81 回：刘备为给关羽报仇，举倾国之兵，准备伐吴。张飞回到阆中，下令军中，限三日内置办白旗白甲，三军挂孝伐吴。次日，帐下两员末将范强、张达入帐报告：白旗白甲，一时无措，须宽限方可。张飞大怒曰："吾急欲报仇，恨不明日便到逆贼之境。汝安敢违我将令！"叱武士将范、张缚于树上，各鞭背五十。并指着他们曰："来日必要完备！若违了限，即杀汝二人示众！"二人被打得满口出血。回营中商议。范说："其人性暴如火，倘来日不完，你我皆被杀矣！"张曰："如他杀我，不如我杀他。"结果趁张飞睡熟，闻鼻声如雷，以短刀刺入飞腹，飞大叫一声而亡。可怜张飞英雄一世，却死在小人手下。

张飞为兄报仇心切，然而无理暴怒，责罚部属，激化矛盾，招来杀身之祸。

上述几例的起因，皆与"惩罚"下属有关。董承因见家奴与侍妾私语，就要处斩，是罚不当罪，引起怨恨而告密；关羽因傅士仁、糜芳的管理不周（失火）就要处斩，过于绝情，造成离心，埋下祸根；张飞盛怒，无理鞭挞末将，激化矛盾反被杀害。说明实施惩罚，过于随意，必将适得其反。惩罚是必要的，但务必谨慎，不能滥用。否则，将祸及自身。

诸葛亮在《便宜十六策》的"赏罚第十"中说："赏罚之政，谓赏善罚恶也。赏以兴功，罚以禁奸……故赏不可虚施，罚不可妄加，赏虚施则劳臣怨，罚妄加则直士恨。"赏不可虚施，若虚施则失掉诚信，失掉扬善激励的作用，赏反而成怨；罚不可妄加，若滥施刑罚，失掉公正与权威，则失掉禁恶的作用，反而增加怨恨，激化矛盾。赏罚是处理内部矛盾的方法，失掉了公正公平，就会适得其反。由此看来，赏罚本身也是一把双刃剑，用得恰当则激励士气；用得不当则埋下隐患。唐太宗治国，主张"宽仁慎刑"，是赏罚有度的例证。

武略篇

战略决定命运

怒发冲冠，凭栏处，潇潇雨歇。

抬望眼，仰天长啸，壮怀激烈。

三十功名尘与土，八千里路云和月。

莫等闲，白了少年头，空悲切！

——（南宋）岳飞《满江红》（上阕）

钟山风雨起苍黄，百万雄师过大江。

虎踞龙盘今胜昔，天翻地覆慨而慷。

宜将剩勇追穷寇，不可沽名学霸王。

天若有情天亦老，人间正道是沧桑。

——毛泽东《七律·人民解放军解放南京》

武略，即用兵的谋略。用兵要讲谋略，讲策划。谋略运筹，包括战略和战术。关系作战全局的总体部署谓之战略；关系局部战役战斗的方法谓之战术。

本篇"武略"讨论的是前者，是战略方面的谋划问题。下篇"用奇"，讨论的是后者，就是战术方法的谋划问题。策略，也可称为对策与方略，是根据形势发展而制定的方针和斗争的方法，贯通于战略与战术之中。

与武略相关，包括庙算决策，伐交谈判，战争准备等，与伐谋相关的是情报先知、智囊的作用等。

一 兵家战略与企业战略

读三国，学管理，从治国安邦而言，既有文德，更有武略。文德重要，武略也重要。在战事工作中，文德与武略是互不可缺的两把利剑。武略中，主要是战略与战术问题。我国古代兵法，把《孙子兵法》列为"武经七书"之首。国外把《孙子兵法》归为《战略学》。从战略高度着眼研究用兵之道，这是中国兵学的传统优势。《三国演义》既然有"兵法教科书"之称，其中渗透的管理智慧，首先体现在对战略问题的重视。

（一）关于兵家战略

《三国演义》故事中，记叙了许多兴亡成败的案例。诸葛亮总结两汉兴亡时说："亲贤臣，远小人，此先汉所以兴隆也；亲小人，远贤臣，此后汉所以倾颓也。"（《前出师表》）这是从用人而言，从文德而言，总结兴亡的教训的。武略正确与否，也关系一个国家的兴衰，一个事业的成败。下面讨论由于战略不当而失败的案例。

1. 袁绍之败。

袁绍字本初。其高祖父叫袁安，为汉司徒。东汉时，司徒、司空和太尉并称"三公"。自袁安以下四世居三公位，"由是势倾天下"。（《三国志·袁绍传》）汉初平元年（190年）袁绍占有中国北方大部分地区，可谓兵多将广财足。十八路诸侯讨伐董卓，袁绍被推举为盟主，与曹操一起，"誓欲扫清华夏，剿戮群凶，扶持王室，拯救黎民"。当董卓被杀之后，各路诸侯为各自的利益而相互征战，袁绍最后败在曹操手下。最主要的原因是他在战略上的失误而导致彻底失败。一是官渡之战，袁绍失败，使其一蹶不振；二是自己坐失"挟天子以令诸侯"，独占天时的机会。其实关于挟天子问题，袁绍的都尉谋臣沮授曾对他建议过，说："当前乱世，宜迎大驾，安宫邺都，挟天子而令诸侯，蓄士马以讨不庭，谁能御之！"（《献帝传》）就是建议袁绍，乘废立之际，将汉献帝从残破的洛阳迁到邺县去。袁绍势力最大，又属四世三公，最有资格。但是袁绍却认为有献帝在侧，做事会不方便，没有同意，所以才给了曹操一个"挟天子以令诸侯"的机会。尽管在官渡战后，袁绍虽败但其实力仍然远大于曹操，不仅占有冀州，还有儿子袁谭、袁尚、外甥高干所据有的州郡，但终因战略不当，用谋不当而失败。

2. 刘备之败。

在蜀国，关羽发动荆襄战役，水淹北魏七军，擒于禁，斩庞德，威震华夏，连曹操甚至都要迁离许都。蜀国的形势也是极好的。据荆州，占益州，日趋强盛。但是因为一个大的战略失误：放弃联吴抗曹战略，结果遭失败。荆襄战役后期，荆州被吴兵偷袭，关羽后院起火，结果败走麦城而亡；刘备为复仇，举倾国之兵伐吴，最后于彝陵战败，元气大伤。战略失误，影响到全局被动。

（二）战略思维的特性

《三国演义》中赞扬了许多"运筹帷幄，决胜千里"的智谋人物，他们为各自的明君出谋献策。而曹操、孙权、刘备等明君，就是善于决断，将智谋变成了行动，成就了事业的。说明了谋略，特别是关系全局的战略的重要性。

战略谋划，也可称战略思维，具有以下特点：

久远性。战略是谋长远的，战略思维就要长远地看问题。"不谋万世者，不足谋一时。"就是说从长远着眼，来决策现实。领导者最需要的是这种站得高看得远的战略眼光。战略策划就是追求长远性的根本胜利。

全局性。战略也是谋全局的，战略思维就要想大局，想全局，全面地看问题。"不谋全局者，不足谋一域"，战略就是谋全局胜负的问题。企业经营战略是从企业的全局出发，根据企业总体发展需要而制定的。因此具有综合性和全局性。三国中，袁绍不接纳汉献帝到自己的驻地邺县，"山高皇帝远"，可以不受汉献帝的掣肘，这有道理，但只是图一时之利；若能利用汉献帝之名，"挟天子以令诸侯"，则是大道理，可得全局之利。袁绍缺少的是国家全局的战略眼光。而曹操则相反，力量虽小，但已经有了安定的兖州一带，于是立即行动，毅然亲去洛阳，将处在危难中的汉献帝接到了许都。抢占了挟天子令诸侯的先机，占有了夺取天下的主动权。可见，战略决策来自于全局的眼光。

抗争性。战略首先要确定目标，战略目标要具有抗争性、挑战性。曹操"挟天子以令诸侯"，是图全国；刘备的"隆中对"的战略，也是先求建立基业，成鼎足之势，待天下有变，以图中原。这也是一个抗争性、挑战性的规划。企业经营战略是企业面对威胁、迎接挑战的行动方案。目的是谋取优势地位，战胜对手，保证自己的生存与发展。因此，目标也必须具有抗争性和挑战性。要将对企业竞争、发展具有战略意义的任务，列进战略规划之中。

纲领性。办事要提纲挈领，要抓住主要环节，以带动全盘。战略规划就是提出总体目标和方向，具有行动纲领的意义。诸葛亮为刘备提出的"隆中对"，就是刘备实现自己的抱负的行动纲领。

（三）企业战略的重要性

上面说了战略思维的特点，现在让我们联系企业管理说些战略方面的事。

人们把企业竞争比喻为商战。在企业商战中有成有败，一个重要的因素是关于企业的发展战略问题。战略问题，是20世纪70年代以来，逐渐成为管理界中的主导思想。主张企业或组织要根据自身的特点和所处的内外环境的变化，从长远的、全面的、发展的眼光来制定战略，进行管理。制定长远规划是表现之一。

资料记载，在美国企业中，1949年制定有长远规划的仅占20%，到1970年就上升到100%。日本一些大企业，也毫无例外地制定有长远规划。今天，在我国的企业中，制定发展规划，也是一个不争的事实。

随着经济全球化、信息化的发展，企业的经营方式也在发生变化。产品由一元走向多元，市场地域扩大，由地区走向全国，走向世界。从资源到市场无时不在变化。这样一个开放式的经营环境，要求企业更加重视自己的发展战略，把握企业的发展方向。

企业战略问题的重点是回答企业如何进行市场竞争，保持自己的竞争优势问题。美国哈佛商学院教授迈克尔·波特于1985年写的《竞争战略》中，总结了企业竞争中有"三种基本战略"是最常用的，即总成本领先战略，标新立异战略，目标聚集战略。

总成本领先战略，就是通过达到有效规模的生产设施，抓紧成本与管理费用的控制，以及最大限度地减少研究开发、服务、推销、广告等成本费用，使总成本低于竞争对手，占据更大的市场份额，以获得较高的利润。

标新立异战略，就是将公司提供的产品或服务标新立异，如在品牌形象、技术特点、外观特点、经销网络、客户服务等形成特色，赢得顾客，赢得超常收益。

目标聚集战略，是主攻某个特定的顾客群，针对特定的细分市场，以更高的效率，更好的效果，超过竞争对手，赢得超过产业平均水平的收益。

这几种基本战略在20世纪70年代以来被广泛地应用于企业之中。对一个企业集团，往往是上述战略的综合运用。随着市场的迅速演化，经济全球化的趋势，企业之间不仅有竞争，更需要有合作，因此出现了以英特尔总裁安迪·格罗夫（Andy Grove）所讲的"合作竞争（Co-opetition）"战略，回答如何不断地为客户增加价值的问题。战略问题几乎囊括了企业内的所有问题。企业战略的研究从理论导向型的研究，发展成面向实际的实践导向型研究，并且形成了许多战略制定模型等方法。

（四）企业战略关系事业的成败

海尔的发展战略是战略运筹成功的一个实例。

海尔的发展与总裁张瑞敏的战略眼光有密切关系。为提高海尔产品的竞争力，建厂初期，张瑞敏首先抓质量，抓管理，实行打造名牌的品牌战略。为此做了一系列的工作：首先是换思想，树立品牌意识，次品就是废品。有个"砸冰箱"的故事：建厂初期，海尔冰箱还是市场上的紧俏商品，张瑞敏发现有次品，尽管没有出厂。原因是人们的思想标准不高。于是决定把查出的76台带有瑕疵的次品当作废品，当众砸毁，而且是谁出手的产品就由谁来砸；张瑞敏为此带头扣了自己的奖金。砸冰箱的举动震撼的是职工的心，将质量意识，创名牌意识牢牢地刻在每个人的脑海里。继之以严格的质量管理，总结实行了"日事日毕，日清日高"的自我管理法，把好产品质量关，实行质量否决权，以质量卓越来树立企业品牌的形象。其次是不打价格战，要打价值战，以技术开发创新来扩大产品功能，满足消费者的个性化需求，靠优质的服务，"超值服务"，把海尔的品牌形象刻在消费者的心中。第三，坚持全球战略眼光，一切按国际规范和惯例要求办事，为产品走向世界，扫清障碍。第四，加强培训和考核，全面提高管理人员和员工的素质，坚持认为"平凡的工作，按高标准要求，能够持之以恒，就是不平凡"。经过几年的努力，1998年海尔冰箱在全国100多家电冰箱国优评比中以总分第一摘取了这一金牌。1998年海尔冰箱第一次在北京展销，现场观众要求将海尔冰箱、日本冰箱及国内其他牌号的冰箱同时通上电，打擂台赛，结果海尔冰箱各项指标遥遥领先。在人们的赞誉声中，张瑞敏很清醒，及时把眼光投向了国际市场，确立了海尔不仅要成为国内名牌，也要成为国际名牌的目标。与此同时，海尔抓住国内企业兼并的机会，以海尔的企业品牌、企业文化为核心竞争力，实行了多元化经营战略，完成了海尔系列产品在国内市场的战略布局；并进而实行走出去的国际化战略，拓展国际市场，在国际市场上实行品牌本土化、与竞争对手建立竞合关系等战略，将海尔集团发展成国际化的海尔。海尔集团的战略思维，为我国企业的发展提供了宝贵的借鉴。

二 《三国演义》中的战略决策

（一）关于战略决策

管理学中有"决策"这个概念。美国管理学家、诺贝尔奖获得者西蒙提出了"管理就是决策"的观点之后，"决策"更为广泛地运用于管理之中。

中国古代的《孙子兵法》强调"庙算"，就是一种决策的思想。"决策"这个词，在《三国演义》中也被明确地使用了。如第38回的回目："定三分隆中决策"，就是一个关于战略的决策。第44回，周瑜向诸葛亮讨教破曹良策时，诸葛亮回答说："孙将军心尚未稳，不可决策也。"此处的"决策"属于战术决策。

何为决策？按现代管理学的理论说，在两种或多种解决方案中，经过分析比较，选择一种最恰当的方案去实施，谓之决策。

诸葛亮的"隆中决策"是符合这个思想的。"隆中对"中，诸葛亮分析，刘备要兴复汉室，但没有自己的军队，没有自己的地盘是不可能的。为解决地盘，面临三种抉择：第一与曹操争。但曹操力量强大，硬与之争锋，是自取灭亡。第二与孙权争。孙权已历三世，地位巩固，不易争得；何况主要敌人是曹，孙与曹有矛盾，所以应以孙为援，联合抗曹。第三，兼弱攻昧，占领荆州、益州。荆州、益州是刘表、刘璋的领地，尚未被曹占领，但这两州他们终将不能守住。据之可作根基，目前也有可能占领。但刘备信守仁义，因是同宗而"不忍夺之"，这将坐失良机。办法只有变通，采取"逆取顺守"的权变对策。"逆取"即攻取荆州、益州，建立基业，成鼎足之势，以图天下。因属同姓相兼，似乎"不合道义"，故曰逆取；"顺守"，就是以拥汉的政策治理二州并善待二刘，还是拥汉，维护刘家天下的利益，故为顺守。只有这第三种方案才是视情顺理，切实可行的决策。刘备赞同。

战略决策分为战略规划与战略实施两个阶段。"庙算"、"运筹定计"，属于战略规划阶段；"决断"、"用谋"，属于战略实施阶段。"隆中对"属于战略规划问题；刘备决断予以采纳，后面争荆州，进益州，则属于实施过程。策划等环节多为谋士献计，而"决断"、"用谋"，则取决于领导者的智慧、决心与魄力。

战略决策的核心，就是一种抉择，是一种最优化的选择，选择与决断，将谋划变成行动，实现目标，正是领导者的责任。

（二）《三国演义》中的战略决策

三国鼎立局面的形成，是曹操、孙权、刘备执行了各自的战略决策的结果。曹操实行了"挟天子以令诸侯"的战略，目的是控制汉献帝，建立曹魏的天下；孙权实行了"依据地利，鼎足江东，以观天下"的战略，建立属于自己的吴国；刘备实行了诸葛亮"隆中对"的战略，从小到大，建立了蜀汉政权。三国力量发展，达到相持局面，形成三国鼎立。这是各国实行其战略的结果，尤其是西蜀的出现，促成了"鼎足之势"。难怪有人说：若没有"隆中对"，没有诸葛亮的出山，曹操南下，"不被诸葛亮所搅和"，江山早就一统了。不过是统一为"曹魏"，而不是"兴复汉室"。但曹操的奸诈、凶残必为民众所怨，刘汉的仁政到汉末虽呈现衰朽，但必为民众所盼；这是刘备诸葛亮的蜀汉存在的民心依据。总的看来，三国的战略对于国家的统一都是有成效的。"隆中对"的决策更为有效，我们后面还会作分析。本章从英雄创业的角度而言，曹操的战略，从制定到实施都是成功的，有效的，值得作以分析。

曹操的战略——"挟天子而令诸侯"，抢占天时。

在魏、蜀、吴三国中，首先以谋略取胜的，就是曹操。汉末镇压黄巾起义之时，曹操收编了黄巾军，有了自己的武装，占有了兖州郡，作为自己夺取天下的根据地。并吸收了不少的文臣武将。兖州治中从事毛玠向曹操提了两条重要的建议：一是要奉天子以令不臣，二是要修耕植以蓄军资。这是两条主要的战略思想，合乎曹操的心意，曹操敬纳其言，遂提拔毛玠为幕府功曹（佐吏），并开始创造条件付诸实施。

毛玠是这样分析当时的形势的："今天下分崩，国主迁移（董卓将汉献帝从洛阳西迁到长安，焚烧洛阳城），生民废业饥馑流亡，公家无经岁之储，百姓无安固之志，难以持久。今袁绍、刘表，虽士民众强，皆无经远之虑，未有树基建本者也。夫兵义者胜，守位以财，宜奉天子以令不臣，修耕植，蓄军资，如此则霸王之业可成也。"（《三国志·毛玠传》）毛玠的眼光是对的，但毛玠的方向与曹操的方向未必相合（后来毛玠为曹操所杀）。曹操采纳之，为己所用。

曹操当时的实力还比较弱小，在兖州的统治还没有稳定下来，只能从实际出发，循序渐进，量力而行。于是曹操努力创造条件，**一是巩固兖州，增强实力；二是主动接近朝廷，寻找机会表达对皇帝的忠心。**

初平三年（192 年），曹操派从事王必出使长安，向皇帝表示忠心。得骑都尉董昭相助，帮助曹操同朝廷接上了关系。朝中的黄门侍郎钟繇积极举荐曹操，说："群雄并起，各搞一套，只有曹操心里还想着王室。"使曹操逐步获取了献帝和公卿大臣的好感。曹操稳定了兖州，占领了许县后，努力与献帝周围的将领杨奉、董承、张扬等人改善关系，为西迎献帝，总揽朝政创造了有利条件。

三是抓住关键时机。建安元年（公元 196 年）因粮食发生恐慌，献帝在杨奉等护送下，回到了已经残破的故都洛阳。这时曹操即打算将献帝迎来许县，但担心杨奉、张扬阻拦。谋臣荀彧坚决支持曹操的想法，说："如能乘机迎奉皇帝，以从民望，大顺也；秉至公以服雄杰，大略也；扶弘义以致英杰，大德也。"用忠于皇室的行动，来镇服各方，这是一个重要的策略。如不及时决断，其他豪杰也会生心，那时再考虑就来不及了。（《三国志·

《荀彧传》）曹操立即采取行动，派曹洪带兵西迎献帝。

曹操决定先拉拢兵力最强的杨奉，表示愿与杨奉合作。经董昭转给杨奉的信曰："将军护卫皇帝，经过千难万险，终于回到故都洛阳，辅佐之功，举世无匹。现在天下不宁，皇位至重，必须群贤协力加以维护。将军可在朝内作主，我作为外援。现在我有粮，将军有兵，正好有无相通，取长补短，生死与共。"当时朝廷无粮，曹操愿拿出粮食来，杨奉喜出望外，于是与诸将上表，请献帝任曹操为建德将军，不久又升为镇东将军，袭父爵位费亭侯。曹操连上三封奏章，表示推辞，献帝不允才勉强接受。曹操处事谦恭谨慎，博取朝廷欢心。

在洛阳的董承，为增强自己的势力，暗中召曹操进京。曹操得此机会，立刻亲自率兵赶赴洛阳，朝见献帝。献帝授给曹操节钺，录尚书事，任司隶校尉。授以节钺，就是代表皇帝行令。"录尚书事"，就是总揽朝政。曹操亲近献帝的策略终于成功，总揽朝政的目标实现了。

四是迎献帝迁都许都。曹操总揽朝政后，即以献帝的名义，杀掉了侍中台崇、尚书冯硕等人，而封卫将军董承、辅国将军伏完等十三人为列侯。并征求议郎董昭的意见：下一步怎么办？董昭说："朝廷中将领各怀异心，未必都能倾心服从，留在洛阳匡扶朝政，必有许多不便。最好的办法是将天子迁到许县去。"最大的担心是驻在梁县的杨奉阻挠。董昭给曹操献计曰：杨奉势孤少援，是愿意与将军合作的。将军升为镇东将军，袭费亭侯，都是杨奉起的作用。应尽快派遣使者带厚礼去答谢杨奉，并可对他说："洛阳没有粮食，想暂时把献帝迁到鲁阳去，鲁阳离许县很近，运输粮食就比较容易了。"杨奉为人勇而少谋，必然不会怀疑。曹操采纳之，立即派使者到杨奉处表示感谢，杨奉对曹操所言信以为真。曹操则顺利地将献帝转移到了许县。曹操设伏兵，打败了杨奉的追兵，并使杨奉归附了曹操。曹操将许县定为都城，改名许昌。献帝封曹操为大将军。

将汉献帝在困窘流徙之中迁到许都，由曹操作为汉献帝的保护人。曹操为此而总揽朝政，获得了高于所有文臣武将的政治地位，而且使献帝成为自己进行统一战争的傀儡和工具，无论是征伐异己还是任命官吏，都可用献帝的名义行事，名正言顺，置对手于被动地位，为自己攫取了得天独厚的政治优势。

后来，汉献帝受不了曹操的独断专横，下密召，要董承谋划除掉曹操；董承行动不慎，阴谋败露，遭到满门抄斩。曹操明知背后的主谋是汉献帝，但仍然保留着这面天子招牌，不予追究。"挟天子以令诸侯"，直至统一了中国北方，临终前，将江山交给他的儿子曹丕，建立了魏国。

战略重要是不言而喻的。曹操采取"挟天子以令诸侯"的策略，抢占天时，最后战胜了实力强大的袁绍等势力，统一了中国北方；刘备实施了诸葛亮"隆中对"的计划，从小到大，建立了稳定的蜀汉政权，开发了中国西南地区；孙权依据地利，鼎足江东，开发了中国东南地区和沿海一带，也为中国最后的统一做出了贡献。魏、蜀、吴三国，相持前后达六七十年，说明他们三国的战略决策都是适用的，是合乎各国实际情况的。

三 对制定企业战略的启示

企业作为自主经营的经济组织，也有自己的发展方向，也要研究企业战略的制定与实施问题。这样做的目的，是为了在竞争中取胜。魏、蜀、吴三国的战略就是在各自的条件下取胜的战略。他们的智慧对制定企业战略有何启示呢？

1. 认清形势，明确对手，选准一个切实可行的方向并作出规划。

汉末的形势是"汉祚将倾"，诸侯争霸，各占一方。曹操要"扶持王室，拯救黎民"。他的对手是以袁绍为首的各路诸侯。于是选择了"挟天子以令诸侯"的战略，抢占天时，以争天下。这是聪明的策略。为此他首先巩固了兖州，以其为根据地，做到足兵足食；进而买通关节，亲近王室，取得皇帝与近臣的信任；最后趁皇帝危机，亲迎献帝于许都，被献帝封为大将军，得以总揽朝政，将天子控制在自己手中。于是就打着天子的旗号，征服各方。好的战略应该是切实可行的。

任何企业都有战略。由于资源有限，他们必须把精力聚焦在一件事情上，而且要做得非常好。有的企业战略是完全围绕自己的产品展开的；有的企业战略完全是围绕自己的服务展开的。企业战略问题，其实质就是对如何开展竞争问题做出清晰的选择。

美国有个成功的企业家，叫杰克·韦尔奇，1981年起，任美国通用电气公司董事长兼首席执行官（CEO），在韦尔奇执掌通用的21年中，GE（通用电气）公司的市值增长到4 000亿美元，高居世界第一。韦尔奇认为：企业要赢得竞争胜利的第一个问题就是"战略"。战略就是："你选准一个努力的方向，然后不顾一切地实现它。"这是将兵家的战略思维运用于企业经营的简洁而有效的诠释。

1981年，韦尔奇成为GE公司的CEO时，在电视机、空调机等产业上，尽管还保持着合理的利润率，但面对日本企业的产品创新和价格攻势，已疲于招架，利润锐减，有的甚至不堪一击。于是他着手确立了自己的战略：即逐渐放弃那些已经成为大众化产品的领域，而更多转向创造高价值的技术产业和服务的领域。因此，分离了电视机、小家电和空调业，以及一家巨型的煤炭公司，加大了对GE资本的投资，收购了新的企业，把资源投入能源、医疗、飞机引擎和机车领域的新技术产品的开发。尽量创造与众不同的产品和服务，把精力放在创新、技术、内部流程、附加服务等任何能使你与众不同的因素上面。GE公司在长达20多年的时间里，坚持这一个战略方向，取得了成功。在执行中，GE采取了不断吸纳别人的先进经验，不断改进自己，来持续推动公司的总战略。

2. 实施战略的关键是找对人，把合适的人放在合适的位置上，以落实这个大的规划。

实施计划，贵在得人，人才决定一切。如何识人、选人、用人，列入战略问题是十分重要的。在上一篇中我们已经说及，如刘备缺少战略人才，所以"三顾茅庐请诸葛"，从而开创了蜀汉事业的新局面。孙权赤壁之战，决计破曹而重用周瑜，亲将佩剑赐周瑜，以示授予全权，因此，取得了赤壁之战的胜利；孙权用吕蒙攻取了荆州；用陆逊大败刘备于夷陵，保住了荆州，实现了隔江而治的战略。

实施战略关键要找准合适的人才，在韦尔奇的经验中也得到充分体现。他的经验是，要根据个人的能力和个性来用人，根据战略的需要来选择与培养人，努力使公司的战略与员工的技能匹配起来。对于公司的汽车发动机产业，是属于产品大众化的产业，需要勤奋、严谨、关注细节的人来管理。韦尔奇选派了对专业熟悉，善于揣摩细节，并有"执行纪律大师"之称的劳埃德为这个产业的 CEO，成了大众化产业的领袖；而对于喷气式飞机引擎专业，每种引擎都是很独特的，这个专业需要积极进取、不断创新的人。韦尔奇因此选派了布赖恩威作 GE 飞机发动机部门的领导。因为布赖恩在 GE 公司从学徒到做工程师，参与了所有的引擎设计项目，无比热爱飞行，讨厌管理中的细节，善于把握大方向，性格直率，是善于合群的人。他们的性格、能力与公司的战略方向相匹配，他们领导的部门，对完成公司的战略任务发挥了重要作用。

3. 善于因势利导，灵活机变，百折不挠，实现战略目标。

找准正确的方向，把合适的人放在合适的位置上，然后就是百折不挠地为实现目标而疯狂地工作。实现一个正确的战略目标要付出艰苦的努力和巨大的代价。曹操通过强化兖州根据地，壮大实力；通过"示忠"亲近皇室，抓住时机，解皇室无粮之危，取得皇帝信任，进京得以总揽朝政；借机将献帝迁都于许都，实现了"挟天子以令诸侯"的目标。从此伐袁术、灭袁绍、北征乌桓、平定辽西等统一了中国北方。刘备、诸葛亮为实现"隆中对"的规划，争荆州，进西川，平定南蛮，北伐中原，刘备病死永安，诸葛亮最后病逝于五丈原军营，也是百折不挠的。实现一个伟大的目标，要经过几十年，甚至要经过几代人的不懈努力。在企业经营中也是一样。

GE 公司在长达 20 多年的时间里，坚持一个战略方向，即逐渐放弃那些已经成为大众化产品的领域，而更多转向创造高价值的产业和服务的领域。这种战略抉择是在 20 世纪 70 年代末作出的。大方向对头，又有一定的宽度，则战略并不需要经常改变。但是，他们并不墨守成规，而是不断借鉴最佳的实践经验，坚持不断改进，从而持续保持了竞争优势。多年来，GE 的员工从沃尔玛、丰田等其他几十家企业的拜访学习中，彼此学习借鉴，既坚持了自己的战略方向，又不断扩展自己，先后开展了全球化、附加服务、六西格玛以及电子商务等四项运动来持续推动公司的总战略。通过模仿、并且改进，实现不断创新的道路，这是为实现战略，取得最后胜利的公司都在坚持的方法。

四 军争战场、商争市场

（一）企业面对竞争，面对"战场"

《三国演义》中写的是战争，描写了无数的战场，展现了战争的环境、揭示了战争的规律，指挥用兵，千方百计争取战争胜利。企业也面临着竞争，产品之争，市场之争，其激烈程度也不亚于战争。所以说商场如战场，竞争如战争。

读三国，学管理，就是吸取古人战场竞争的智慧，启迪我们，在市场竞争中用智用谋，顽强拼搏，多打胜仗，创新业绩。

企业竞争的客观环境，企业竞争的规律，与军事抗争有相同点，也有不同点。将兵法智慧运用于商战之中，这是必须认识与探讨的。以便克服盲目性，提高自觉性。

（二）关于市场问题

市场，其本意是商品交换的场所，也泛指商品行销的区域，是属于商品经济范畴。自从人类社会有了劳动分工，出现了商品和商品交换，于是就出现了市场。按列宁的说法，哪里有社会分工和商品生产，哪里就有"市场"；社会分工和商品生产发展到什么程度，"市场"就发展到什么程度。广义的说法：市场是一切商品交换关系和交换活动的总和。马克思说："一切产品都作为商品投入市场，所以一切生产资料和消费资料，一切生产消费和生活消费的要素，都必须通过它们作为商品的购买再从市场上取出。"（《资本论》，1 版，第 2 卷，233 页，北京，人民出版社，1975）因此，市场也反映了商品的供与求的情况，是商品供求关系的总和。有供有求才有市场。

市场反映了商品交换的性质，但在商品活动的背后，却体现了人与人之间的关系，人与人的利益需求关系，人与人的劳动交换关系。因此，古人就知道，见商品也要见人，见物质之利，也要见精神、道德之义。从生产、流通到消费过程，都有这种看不见的关系。这是市场交换的特殊本质，是由商品的特性决定的。

就是说，在市场这个领域中，起码有两个规律在起作用：一个是价值规律，一个是供求规律，它们是一只看不见的手在操纵市场。发挥其"市场调节"功能。还有一只看得见的手，就是政府的政策、国家的法律，对这种"市场调节"进行控制，防止其失衡。用这只看得见的手，来维护"贸易"背后的人的利益与社会的稳定。关注看不见的手，认识竞争的无情，优胜劣汰；也必须关注看得见的手，看到政策与法律，认识发展的机会与行为的约束。这是我们运用兵法于企业管理不可忽视的问题。也是兵争与商争的本质区别所在。

市场经济活动中有两只手在起作用。我们的企业经营者，务必去感受这只看不见的手，认识这只看得见的手，顺应这些规律行事，使自己在竞争中获得主动。

（三）关于竞争

在计划经济时期，企业按国家计划行事，"大锅饭"的体制，久而久之，企业也失去了活力。市场经济与计划经济不同，企业是市场经济的主体，自主经营，自负盈亏。企业面临着优胜劣汰的选择，压力促进企业之间的竞争。竞争的范围，从产品到服务，从成本到效益，从市场到顾客，从国内到国外等。人才竞争、管理竞争、资源竞争、市场竞争等，一句话，竞争因素在市场经济中是起着积极作用的。企业是在不断竞争中求进取求发展的。

在现代企业管理中，要持续地获得竞争优势成为企业战略的核心目标；发展自己的核心竞争力，提高自身的综合实力，成为竞争制胜的基础和手段。企业之间有竞争，当然也有合作。如日本的企业家就提出过：对己讲和，对敌讲争；对内讲和，对外讲争。

随着国际经济竞争日益激烈，企业面临着残酷的生存环境，有限的资源，有限的市场，竞争对手之间进行着毫不留情的战斗，盲目无序的竞争与理性的竞争并存。没有哪个国家和企业敢漠视竞争，每个国家和企业都必须了解并让竞争所主宰。因而，兵家决定战争胜负的竞争谋略，如中国的《孙子兵法》、西方的克劳塞维茨的《战争论》等，被许多政治家、企业家引入了市场竞争，引入了激烈的市场商战，对指导企业进行理性的竞争发挥了重要作用，并且取得了成功。当然，也有盲目套用军争的词句，作出了害人又害己的荒唐故事。

认识市场经济中的竞争因素，竞争环境是必要的，应用兵法于企业竞争与商战也是无可非议的。我们必须树立竞争意识，勇敢主动地迎接竞争。但是军事抗争与企业竞争毕竟是两个不同的领域，军争与商争有何异同，是需要探讨的。

（四）军争、商争性质特点的相通处与相异处

军争与商争是性质不同的两种行为，但在表现形式上却有某些相通之处。从竞争的性质看，都是双方或多方进行的抗争。都含有或胜或败的博弈性质，都被优胜劣汰的规律所支配，所制约，所裁决。

从构成竞争成败的要素来看，两者都需要正确的方针政策（也就是"道"）来指导方向；都需要有良好的将相，即领导者来组织指挥；要有良好的队伍来进行实施；要有高效的组织机构作保证；两者都需要有正确的谋略与策略，以便取得竞争的实效；竞争的成败胜负，最终取决于综合实力的较量，需要各种资源的保障，需要队伍的统一意志与高昂的士气，需要战术技术的不断创新来取得胜利等等。一句话，军争为胜，商争为赢，因此军争的智慧可以为商争所借鉴。尽管军事与经济是不同的领域，但在运作方式上，却可以相互借鉴，各取所长。

古希腊哲学家苏格拉底就曾注意到军事与经济的联系，他说："一名将军的职责与一名商人的职责是相同的：双方都需要对自身资源的使用进行计划以实现目标。"这是从管理职能相通而言。克劳塞维茨在《战争论》中，将战争与贸易也进行比较，认为"战争无非是扩大了的搏斗"。而搏斗双方"直接目的是打垮对方，使对方不能再作任何抵抗"。战争是由于政治利益的冲突而引起，还说"战争与其说像某种技术，还不如说像贸易，贸易也是人类利害关系和活动的冲突"。战争是迫使敌人服从我们意志的一种暴力行为。那么若把企业竞争比喻为商战的话，商战也是迫使竞争对手服从我们意识的对抗行为。这是说竞争的严酷性相通。（《战争论》，第1卷，第2章）

认识两个竞争的相通性是为了借鉴，异中求同；但将此借鉴付之于应用，则必须了解其异质性，了解应用的局限性。军争与商争，性质相异，表现在许多方面。比如：

竞争的性质不同：军争属政治范畴，为的是政治利益，军争为政权而战；商争为经济范畴，为的是经济利益，商争为利而为。但某些国际贸易的争端，有的也可能转化为政治抗争。性质不同，竞争的严酷程度自然也不同。

抗争的对象不同：军争的对象是政治上的敌人，一般比较单一；商争的竞争对象则广泛，凡是与我商品相关的、可替代的商品的生产者、经营者都可视为竞争对手。军争是我方、敌方的直接较量；而商争除我方、对手方较量外，还涉及大量的顾客、用户、消费者，而顾客的人心所向，将最后决定商战竞争的胜负。

抗争的目标不同：军争的目标在于领地财产的占有，"保存自己，消灭敌人"；商争的目标是获取利润，是扩大市场。从根本上也可以说，军争为政，商争为利。

抗争的武器不同：军争是暴力，用的是刀枪、火炮，是实力；商争所用的武器是产品、服务、信誉等等。性质不同，目的不同，因此所采用的手段、方法，也必然不同。

（五）关于竞争之"诡道"

这是兵法用于企业经营最有争论的问题。孙子说："兵者，诡道也。"

（《孙子兵法·计》）又说"兵以诈立"（《孙子兵法·军争》），这是对军争规律的概括。可以说，无诡不成战，战是靠"诡计"来求取胜利的。"诡"，本意就是欺诈，奸猾，属于贬义词。孙子所说的"诡道"，就是用兵的方法，曹操注释为："兵无常形，以诡诈为道。"《孙子兵法》在"计篇"就总结了"兵者诡道"的十二种方法，以做到"攻其无备，出其不意"，争取胜利。《三国演义》中很多战事就是用了"诡计"，而且用得巧，将自己真实的意图隐蔽起来，将敌方的核心秘密窃取出来，才取得胜利的。这是由军争的性质——"死生之地，存亡之道"所决定的。

商争也是需要保密的。为掌握竞争的主动权，实施战略也是需要虚实变换的。一般地说，企业的战略意图可以公开，用以造势，争取顾客；但是，实现战略意图的策略却要保守机密，不可告人。这属于正当的保密范围，与"诡诈"的"诡"在性质上是不同的。因此，商争信守的是诚信为本的经商之道，对顾客、用户、消费者则不能用"诡"，不能搞假冒伪劣、坑蒙拐骗，甚至是阴谋欺诈。竞争者之间，也要讲礼貌竞争，合法竞争，也不能搞损人利己的"诡"。对于某些企业侵犯其他企业利益时，如搞"诡"、"诈"、"骗"等，国家制定有各种法律，可依法保护企业的正当权益。商争自然讲"巧"，讲"出奇"，都必须是在法律允许的范围内，在不损害相关方的利益、遵守社会公德、职业道德的前提下，其奇、其巧才能为顾客所认可，才能得到长远的收益。当然，既是竞争，就难免有"诡"；自己不用"诡"，但并不否认，自己应具备识别"用诡"的能力。

（六）关于"双赢"

企业竞争的目的是获得利润，获得效益，不完全是为了击垮竞争对手。理想的竞争状态是达到"双赢"。

关于企业抗争，有一个所谓的零和规则，是说正一加负一，其和为零。你的所赢，等于我的所失，赢与亏的总和是零。这一规则体现的是企业之间的利害关系，所以有"大鱼吃小鱼，快鱼吃慢鱼，游动的鱼吃休克的鱼"的说法。

随着企业的发展，经营环境的变化，特别是经济全球化的趋势，产业边界的融合与变动、技术变革的加速以及顾客需求的多样化，消费者市场空间扩大，任何特殊商品都将面对全球范围的潜在市场。这样，随着公司规模的扩大，企业之间已有的竞争关系虽然激烈，但企业之间相互依存的关系却越来越突出。"零和"的抗争模式正在被"双赢"的模式所取代。"零和"的和是零，"双赢"的和是个正数，你赢一点钱，我也赢一点，你赢在甲方面，我赢在乙方面，双方获利。"利己"不一定非得"损人"不可。通过有效合作，资源互补，实现你中有我，我中有你的合作共赢局面。许多大的跨国公司的投资合作，寻求的是一种双赢的道路。这是一种着眼长远的理智的竞争模式。

五 人谋与预测

（一）关于人谋

战争要以谋取胜。《孙子兵法》开篇就说："兵者，国之大事，死生之地，存亡之道，不可不察也。"孙子的话，讲的是战争的性质，讲研究战争规律，研究用兵之道的重要。战争是暴力行为，关系人的生死，国家兴亡，有巨大的破坏性，是不得已而采用的手段。因此，既要争取战争的胜利，又要尽力减少战场的破坏及人员的伤亡，关键是要用计，用谋。孙子的思想就是主张战争要以谋取胜，提倡谋攻，"上兵伐谋"。"故善用兵者，屈人之兵而非战也，拔人之城而非攻也，毁人之国而非久也，必以全争于天下。故兵不顿而利可全，此谋攻之法也。"（《谋攻篇》）将"不战而屈人之兵，善之善者也"，作为战争胜利的最高境界。《孙子兵法》将"计篇"作为全书十三篇的首篇，是以用计、用谋为纲的兵法。说明人谋在战争胜利中的重要地位。

《三国演义》中以谋取胜的故事。《三国演义》的故事之所以动人，就是充分体现了人的谋略在战争胜负、事业成败中的作用。列举几例为证：

势力弱小的曹操，最后打败了兵多将广的袁绍，统一了中国北方。诸葛亮在讨论天下大势的"隆中对"中说："（曹操）以弱为强者，非惟天时，抑亦人谋也。"就是说，曹操取胜的原因，不仅在天时，更在于人谋也。曹操是凭借人的智谋而战胜袁绍的。你刘备要实现大志，也只有走这一条路。诸葛亮向刘备献上"隆中对"，就是帮助刘备以谋取天下的规划。

《三国演义》中几个大的战役，曹操与袁绍的官渡之战，孙刘联合与曹操的赤壁之战，实力弱小的，最后却战胜了势力强大的，关键在于用谋得当，智谋高于对方而取胜的。《三国演义》第30回记载"战官渡本初败绩，劫乌巢孟德烧粮"的故事：袁绍率70万大军征伐曹操，谋臣沮授向袁绍献策曰："我军虽众，而勇猛不及彼军；彼军虽精，而粮草不如我军。彼军无粮，利在急战；我军有粮，宜且缓守。若能旷以日月，则彼军不战自败矣。"袁绍不听此计，反把沮授锁禁军中，要破曹之后治罪。当曹操军粮告竭，求粮的信使被袁军捉获。谋士许攸向袁绍献计曰："曹操屯军官渡，与我相持已久，许昌必空虚；若分一军星夜掩袭许昌，则许昌可拔，而操可擒也。今操粮已尽，正可乘此机会，两路击之。"袁绍多疑，说："曹操诡计多端，此书乃诱敌之计也。"不仅不用许攸之计，反而认为许攸"与曹操有旧交"，此为奸细之言。气得许攸认为袁绍"竖子不足以谋！"，后必为曹操所擒，故背离袁绍而投曹操，并向曹操提供了乌巢的守备情况。曹操立即采纳许攸的建议，亲率精兵，扮作袁军模样，偷袭乌巢烧粮成功，从而转败为胜。

在两军抗争中，使用计谋是重要的。无计谋就不能取得战争的胜利。

（二）关于"预测"

"凡事预则立，不预则废。""人谋"离不开"预测"。"人谋"表现在作决策，定计划，实现既定的目标。谋划决策，有一个主要的困难，就是所依据的情况会有不确定性，所预期的未来也是不确定的。在管理学上，将未来的不确定因素的发生、发展和变化的可能性以概率的方式确定下来，构成计划、决策的前提条件，这就是预测的任务。管理也要有预见性。一个成功的人，有成就的人，不但在于当情况发生变化时能及时作出反应，而且是能够预见到变化，并因此而预先采取措施的人。可见，预测，预见性，是决策成功的前提条件。成功在于人谋，其中人谋的一个重要的内容就是进行准确的预测，具有科学的预见。

诸葛亮的预测。《三国演义》中诸葛亮所作的"隆中决策"就含有预测的思想。如对曹操的情况、孙权的情况、刘表"对荆州不能守"，刘璋对益州"管理暗弱"，"智能之士思得明君"等情况，是一种含有预测的分析，是依据大致的基本情况而得出结论的。至于劝刘备实行"隆中对"，建立西蜀政权，成天下鼎足之势，则是一种战略的预见。

在此，我们举诸葛亮"借东风"的故事为例，说明预测的重要性。这是关于天气气象情况所作的预测，对当时的孙刘与曹操作战关系重大。

《三国演义》第 49 回是这样描述的：周瑜临江视察战船，踌躇满志。忽然江边的狂风刮起旗角拂向瑜面，周瑜猛然一惊，口吐鲜血倒地，不省人事。旗角传递的信息是：江面上刮的是西北风，而不是东南风。曹营处在江北，周瑜的战船却处在长江的东南方向。此时正是隆冬季节，哪有能烧曹营的东风呢？诸葛亮看出了周瑜的病根，在看望周瑜时，为其开出了"治病处方"十六个字："欲破曹公，宜用火攻；万事俱备，只欠东风。"并就如何解决风的问题提出了对策，周瑜大喜，病愈。

周瑜的病因在于对风向天气的预测。曹操也同样考虑到了。曹操吸纳庞统的战船连锁的建议时，有人提醒曹操：若东吴用火攻怎么办？曹说："凡用火攻，必藉风力。方今隆冬之际，但有西风北风，安有东风南风耶？吾安居西北之上，彼兵皆在南岸，彼若用火，是烧自己之兵也。"

周瑜愁风有道理，曹操凭经验的预测也有道理。但是诸葛亮却抓住了"十一月二十日（冬至）甲子祭风"。小说描写"七星坛诸葛祭风"，诸葛亮祭天借得三日东风，助周郎纵火大破曹兵。小说用了诸葛亮能够呼风唤雨的法术，这当然是描写而已，不足为信。然而史书记载，火烧赤壁那天有东风却是事实，诸葛亮懂天文可能也是事实。诸葛亮对冬至前后偶尔有东南风的预测是准确的，为周瑜提供了难得的火攻破曹的良机。说明预测对决策的重要性。

（三）决策离不开预测，离不开预见

天气预测现在已经成为一门科学。预测的依据是对客观事物变化规律的正确认识，因而预测才成为一门科学。在管理学中已有了许多科学的预测方法。比如，企业经营中的市场预测，主要是对企业的销售量及其变化趋势进行预测。对于高技术领域的企业，坚持技术预测，预测产品技术寿命周期，不断开发新产品。比如日本的精工手表，由于开发的双石英振荡器技术，成为击败瑞士表的武器，结束了在钟表准确性方面长达几世纪之久的竞争。技术预测对制定科技发展规划和拟定重大科研课题起着关键的作用。

《孙子兵法》的"计篇"指出，对作战双方进行实力对比分析，"经五事，校七计"，得出结论："夫未战而庙算胜者，得算多也；未战而庙算不胜者，得算少也。多算胜，少算不胜。"由此可预见胜负矣。这是在粗略地预测分析基础上形成的预见，预见了成败的趋势。我们不能苛求于古人，但他们能够重视这种预见，实在是难能可贵了。预见性，是领导者的远见卓识，是领导者必备的素质。当预测已经成为工作的技术手段时，对于领导者决策至关重要的是领导者的预见能力，有预见才有高明的决断。

《孙子兵法》中有一个重要的论断："明君贤将，所以动而胜人，成功出于众者，先知也。"（《用间篇》）古人先知，除了必要的"用间"，即掌握准确的情报以外，关键在于领导者有超强的洞察力。从三国中吸取智慧，要关注领导者的洞察力，培养先知先觉的预见能力，是十分重要的。如今商业竞争中，存在的任何一个产业，在一开始都是一个很偶然的现象，先知先觉者却从中发现了机会，并毅然抓住他们。

微软的比尔·盖茨（Bill Catcs）早在 20 多年前，就看准了电脑软件的市场发展，在全球第一个推出了 Windows 软件，建立了自己的微软王国；1995 年问世的《未来之路》（The Road Ahead）盖茨预言了信息技术的未来；1999 年之后，他又与人合写了第二本书，书名叫《未来时速——数字神经系统和商务思维》（Business@ the Speed of Thought）盖茨又一次提出了互联网将怎样改变你的业务的预见，预言信息技术条件下的网络工作方式，将改变企业内部信息传递方式。后来通过软件开发，今天电子商务在我国已经成为现实。

毛泽东在领导中国革命过程中，由于他的高瞻远瞩和战略思维，使革命进程中的许多事情都被毛泽东预先言中了。1927 年大革命失败后，革命形势处于低潮。毛泽东在湖南农村作了考察后，提出"星星之火，可以燎原"

的论断，于是有了建立农村根据地，走以农村包围城市的武装夺取政权的道路；1946 年 8 月，蒋介石在美国的支持下发动了全面内战，企图消灭共产党和人民武装。美国记者安娜·路易斯·斯特朗在延安发出提问："如果美国使用原子炸弹，战争会怎样"，毛泽东说："原子弹是美国反动派用来吓唬人的一只纸老虎"，"从长远的观点看问题，真正强大的力量不是属于反动派，而是属于人民。"于是有了针锋相对的"打倒蒋介石，解放全中国"的解放战争，并取得胜利，建立了新中国；于是有了抗美援朝、保家卫国战争的胜利，巩固了年轻的共和国的政权。

领导的决策来自于信念，来自于预见。在今天风云变幻的市场经济条件下，企业的领导者，也需要具有世界眼光，善于把握规律，增强工作的预见性，掌握经营的主动权。

六　伐交与谈判

（一）伐交问题重要

"伐交"是重要的政治策略，也是"伐兵"的辅助手段。战国时期，有"合纵"与"连横"之争。战国七雄：齐、楚、燕、韩、赵、魏、秦，相互争夺霸权。其中，后起的秦国实力最强。苏秦主张"合纵"，六国联合起来，对抗秦国。他经过串联、游说，成为六国之相，六国联合行动，伐交获成功，使秦国闭关十五年。秦国的张仪提出了"远交近攻"的"连横"主张，利用六国之间的矛盾，连齐攻楚，分裂了齐楚联盟，最后一个个地吞并了六国，统一了中国。外交为主，攻伐为辅，"合纵"与"连横"是典型的伐交战略。秦国最后是靠武力征服了六国，但外交的胜利为最后统一铺平了道路。

《三国演义》中伐交的运用，故事很多，也十分精彩，几乎贯穿于三国征战的始终。最典型的战例就是在曹操南下、大兵压境的情况下，刘备方的诸葛亮、孙权方的鲁肃通过相互伐交，说服，实现了孙刘联合，共同在赤壁之战中战胜了实力强大的曹操，从而形成了三国鼎立的局面。

诸葛亮在"隆中对"中就指出：刘备占据荆、益二州后，要"西和诸戎，南抚夷、越，外结孙权，内修政理"。这里的"西和"、"南抚"、"外结"等，就是说的"伐交"问题，协调好与孙权、与边远少数民族的关系，从而增强自己的实力，以便把主要精力用在对抗北魏身上。这是伐交谋势的问题。

当刘备病逝，刘禅继位，魏主曹丕决定出兵伐蜀。司马懿说："须用五路大兵，四面夹攻，令诸葛亮首尾不能应救，然后可图。"于是遣使鲜卑国，贿赂以金帛；遣使南蛮，答应诰赏；遣使入吴修好，许以割地等，起此三路兵马，从西、南、东进兵攻蜀。就是用的"伐交"，其作用是孤立蜀国。(第85回)刘备报仇兴兵伐吴，孙权则采取投降北魏受九锡，争取北魏协力，以对抗西蜀。这也是伐交，通过伐交增强自己实力，以专力对付西蜀。可见，"伐交"的主要功能是与伐兵相配合，一是通过伐交，消除疑虑，结交对方，彼此相助，实现睦邻友好；二是通过伐交，分化对方的联盟，孤立对方；三是通过伐交，借人之力，牵制敌方。伐交是增强自己，削弱敌方的手段，这是三国之中争取第三方的伐交。通过伐交，创造有利于己、不利于敌的条件等。在某种情况下，"山雨欲来风满楼"，伐交也是伐兵的先导与前奏。

(二)《三国演义》中展示的伐交手法

伐交是通过一定的手法实现的。在《三国演义》的伐交故事中，用于伐交的手法，主要有四种：

◆ 派说客说服某方，破解疑虑，与自己联合，实现自己的意图。如诸葛亮亲赴东吴，说服孙权、周瑜，实现孙刘联合抗曹的目标。此种伐交方法，历史上用得最多。

◆ 用感情笼络，彼此结为联盟。如双方结成亲戚关系。《三国演义》中孙刘联姻关系；孙权想以自己的儿子与关羽的女儿联姻等。西汉时的昭君出塞，与匈奴联姻；唐朝时文成公主与藩王成亲等，缓和了民族对抗，共沐太平等。

◆ 用厚利相交，实现联合。如北魏用"赂以金帛"、"官诰赏赐"、"许以割地"等条件，联络鲜卑、南蛮、东吴等出兵伐蜀。

◆ 以手段示好巴结，以转嫁危机。如关羽被吴所杀，孙权把关羽的首级送给曹操。一来向曹示好，实欲嫁祸于曹。曹操知刘备自为荆州牧，则封周瑜为江陵太守、程普为江夏太守。这既是曹操的"伐交"，向孙权示好，也是曹操"伐谋"，分裂孙刘联盟。

（三）企业的"伐交"问题

"伐交"是指国家在国际关系中的外交活动，也是军事学中的概念，用谈判沟通，用舆论宣传等化解对立，解决军事争端的问题。现在"伐交"也借用到其他领域了，如经济领域中，企业交往也有"伐交"问题，确切说，应是企业之间，企业与政府之间、企业与公众的公关问题。凡是需要对外交往的活动，都有一个"伐交"问题。"伐交"与谈判成为企业经营中的一项重要的工作。

企业的"伐交"有战略性的，如围绕企业的经营目标、长远发展布局、企业的联合与重组等活动；也有战术性的，如与其他企业就商品、原料、市场等的合作、借力等协调活动。"伐交"的内容有狭义的，如产品的销售价格等；有广义的，凡是企业与他方交往的工作，都可视为与伐交有关。

企业与竞争对手的交往，与顾客、消费者之间的交往，与合作者、供应方、利益相关方的交往，与政府机关的交往等，都是十分重要的人际交往关系。通过联系、沟通、公关、合作等，创造企业健康发展的外部环境。

企业与政府，与相关方，搞好伐交工作，意义重大。美国克莱斯勒公司的起死回生就是一例。美国克莱斯勒公司曾濒临破产，总经理亚科卡为挽救企业在"伐交"上大做文章：他与政府搞好关系，求助政府作担保，向银行贷了款；他努力说服美参议院和众议院，陈述克莱斯勒倒闭将引发众多人失业，终于获得政府的支持；他与商界搞好关系，使之协助克莱斯勒与其竞争对手竞争等。经过亚科卡的多方努力，终于使克莱斯勒重新获得生机。

企业重视"伐交"，关系重大。今年（2010 年）以来，日本丰田汽车公司，因某车型的"脚垫门"和"踏板门"出现安全隐患，先后召回相关汽车数百万辆。2 月末，丰田汽车总裁丰田章男在美国出席了国会举行的听证会；3 月 1 日，在北京举行记者会，向丰田车主道歉，尽力挽回丰田车在美国人、中国人心中的地位。（《新京报》2010.3.5. B03 版）在丰田"召回门"愈演愈烈之际，美国通用汽车也宣布将在美国、加拿大和墨西哥市场召回 130 万辆问题汽车，原因是动力转向电动机存在缺陷。（出处同上）由此可见"伐交"的重要。

（四）"伐交"的重点在于联合

在经济全球化的形势下，为提高企业的竞争力，企业之间的收购兼并和结构重组越来越频繁，为企业的"伐交"提供了广阔的舞台。

企业在市场竞争中的"伐交"、"伐谋"出现许多新形式，"伐交"的重点在于各取所长，探求联合，追求共赢，成为大势所趋。联合起来，抗击竞争对手，共同抵御风险。

在现实生活中，企业之间的联合并不是像新闻发布会，或像媒体报导得那样欢乐和轻松，合并之前和合并以后，都存在一系列的"伐交"、"斗智"的艰难过程。有全球第一 CEO 之称的杰克·韦尔奇，总结自己的经历认为，对于被收购方而言，"一场企业合并给人的感觉可能就像死亡。"因为，一切都将不一样了。一句话，并不是所有的并购都会是成功的，不付出血汗和眼泪的代价，战利品是不会到来的。然而，许多公司还是坚持并购，因为并购和收购给了你一个更快捷地使利润增长的途径，迅速扩大企业的经营地域和技术领域，带来新的产品和顾客；并购可以让企业彻底地改造自己的员工队伍。总之，成功的并购产生了一个"1 + 1 = 3"的运动机制，在一夜之间提升企业的竞争力。

（五）在并购的"伐交"中应避免 7 个陷阱

杰克·韦尔奇总结了成功并购，真正做到"1 + 1 = 3"，取得"整体大于部分之和"的积极效果，在企业并购的"伐交"中，在谈判协商中，要理智地掌控自己的情绪，不要被交易的狂热（急着购买其他企业）所烫伤，避免以下 7 个最常见的陷阱，也就是 7 个判断方面的失误或差错：

第一个陷阱，是相信真的有可能发生"平等并购"。对于规模和实力相当的公司，应该比较平等地实现合并。但是，既是合并，就必须解决谁来负责掌舵的问题。两家原有不同的领导风格，若各自按着自己的方式办事，结果是陷入真正的停滞与混乱。必须有人作领导，有人做助手，否则两家都将原地踏步。

第二个陷阱，是过分关注经营战略上的匹配，而忽略了企业文化的融合。实际上，每家公司都有自己独特的做生意的办法，核心是企业的核心价值观。被收购方的企业文化只有与你的企业文化能够融合，而不是在各方面将会取代你固有的精神，这是让合并发挥作用的关键。文化匹配相当重要。

第三个陷阱，是收购方反被别人当成了"人质"。就是说，收购方在谈判中让步太多，最后让被收购方控制了全局。原因在于，过高的价码往往会刺激接受者把任何事情都维持原状，阻挠企业的变化和改革。

第四个陷阱，是整合行动显得太保守了。也就是不能谨慎过头。如果有出色的领导者，并购行动应该在 90 天内完成。因为不确定性会让组织陷入恐惧和迟钝。最好的收购方是伟大的倾听者，收集到所有的信息和观点后，他们必须尽快行动，就组织结构、人事、文化、方向迅速做出决策，并且不遗余力地把决策贯彻下去。防止旧的习惯使得各行其是。

第五个陷阱，是"征服者综合症"。就是收购方接手后，在各方位置上安插自己的经理。其实，任何收购的目标之一都是寻找更好的人才。企业合并最大的战略受益之一就是让收购方有更丰富的人才库来组建队伍，形成自己的竞争优势。在人员去留方面，必须保持公平，对事不对人。即使要对自己人开刀也在所不惜。要充分利用收购所带来的人才资源增加的优势，挑选更合适的人来领导合并后的组织。

第六个陷阱，是代价太高，就是高到所付出的成本不可能通过并购收回来的程度。要避免过高的报价。

第七个陷阱，是被收购方从上到下的人员都将体会到痛苦并予以反抗。对于变化有些抵触是自然的。被收购方的人员，应该接受企业合并的现实，克制自己的焦虑，学会尽可能地热爱合并交易。采取热情、乐观和支持的态度。放弃过去的傲慢，从头开始，用实践证明自己的价值。因为变化是好事，要有勇气让变化改造自己，迎接将来最好的时光。因为并购意味着变革。变革并不是坏事，变革会带来高速增长的潜力，也会给你的成长带来机遇。

七 说辩谈判是伐交的手段

（一）从邓芝使吴，看说辩是伐交的手段

伐交是一种交往，国与国交往，军与军交往，企业与企业交往。交往要靠种种交往手段。说辩谈判是其中的一种重要手段。

"伐交"，相对于"伐兵"而言，是付出代价最小而收获利益巨大的一种策略，所以在《三国演义》中被多处采用，成为国与国交往中一种智谋的体现。选择能言善辩之士，亦称舌辩之士，出使他国，开展伐交工作。如蜀国邓芝使吴，吴国张温使蜀，就是这样。

《三国演义》第 86 回，刘备死后，诸葛亮从大局出发，决定与吴再次媾和。经过再三思考，选择了尚书邓芝，派邓芝出使吴国。孙权正处在什么情况下呢？北魏的使臣刚走，要求东吴出兵伐蜀，然后魏吴平分蜀地。绝魏联蜀，还是从魏伐蜀，孙权尚未决断。这将关系吴国的命运。邓芝到吴，孙权采用张昭之计：设置煮沸的油鼎，效郦食其说齐故事，以油鼎烹之，考验邓芝。

邓芝见此情景，微微而笑，见孙权故意长揖不拜。孙权怒曰："何不拜！"邓芝昂然回答："上国天使，不拜小邦之主。"孙权大怒曰："汝不自料，欲掉三寸之舌，效郦生说齐乎？可速入油鼎！"邓芝大笑曰："人皆言东吴多贤，谁想惧一儒生！"孙权曰："尔欲为诸葛亮作说客，来说孤绝魏向蜀，是否？"邓芝曰："吾乃蜀中一儒生，特为吴国利害而来。乃设兵陈鼎，以拒一使，何其局量之不能容物耶？"孙权闻言惶愧，即叱退武士，命邓芝上殿赐坐，问曰："吴、魏之利害若何？愿先生教我。"邓芝曰："大王欲与蜀和，还是欲与魏和？"孙权曰："孤正欲与蜀主讲和；但恐蜀主年轻识浅，不能有始全终耳。"芝曰："大王乃命世之豪杰，诸葛亮亦一时之俊杰；蜀有山川之险，吴有三江之固：若二国联合，共为唇齿，进则可以兼吞天下，退则可以鼎足而立。今大王若委贽称臣于魏，魏必望大王朝觐，求太子以为内侍；如其不从，则兴兵来攻，蜀亦顺流而进取：如此则江南之地，不复为大王有矣。若大王以愚言为不然，愚将就死于大王之前，以绝说客之名也。"言讫，撩衣下殿，望油鼎中便跳。权急命止之，请入后殿，以上宾之礼相待。权曰："今欲与蜀主连和，先生可为我介绍乎？"邓芝曰："适欲烹小臣者，乃大王也；今欲使小臣者，亦大王也：大王犹自狐疑未定，安能取信于人？"权曰："孤意已决，先生勿疑。"（第86回）

这是一段精彩的说辩故事。孙权与邓芝都是谈判高手，孙权敬佩"蜀有邓芝，不辱使命"，于是派张温使蜀，吴蜀再次实现了联合抗魏的目标。这次答辩谈判，对蜀对吴，都是一次成功解决燃眉之急的关键性的外交活动，内涵深刻，令人难忘。也体现了成功谈判应坚守的基本原则与技巧。下面对此再作以分析。

（二）关于谈判说辩艺术的基本原则

从上述邓芝使吴，与吴王孙权不卑不亢，有效沟通，完成了预定的使命。为谈判艺术提供了科学的范例。至少有以下六条原则，为后世留下借鉴：

1. **谈判的双方，首先进行的是一次心理较量**。谈判首先是一次心理战，双方都要以知己知彼，不辱使命为原则，沉着冷静，镇住对方。孙权知道邓芝是来游说，于是以郦食其说齐之例，要以油鼎烹之考验邓芝；邓芝也知道吴王的矛盾心情，故以名为贵国，实无气量，惧怕儒生为由，羞责之。为谈判创造一个平等的氛围。

2. **以诚相待，有进有退，相向而行**。站在对方的立场，抓住要害思考，求共同点。邓芝说："吾乃蜀中一儒生，特为吴国利害而来。"并责备孙权

"设兵陈鼎，以拒一使"，没有气量。孙权"闻言惶愧"，态度由傲慢转为恭敬，说"愿先生教我"。走到共同关心的利害问题。

3. **言简意赅，切中要害，沟通释疑。**既然孙权要问利害，邓芝直言相问："大王欲与蜀和，还是欲与魏和？"这是孙权必须表明的立场。孙权曰："恐蜀主年轻识浅，不能全始全终耳。"邓芝说明蜀主虽年轻，但蜀国政事咸决于亮，"诸葛亮亦一时之俊杰"。使孙权解除疑惑和犹豫。

4. **真诚直言，晓以利害，切中目标。**邓芝直言，曰："若二国联合，共为唇齿，进则可以兼吞天下，退则可以鼎足而立。"但若吴降魏称臣，"魏必望大王朝觐，求太子以为内侍；如其不从，则兴兵来攻，蜀亦顺流而进取：如此则江南之地，不复为大王有矣。"这也正是孙权最为担心的。

5. **观察等待，促进感情变化，水到渠成。**邓芝为激孙权下决心绝魏，则说："若大王以愚言为不然，愚将就死于大王之前，以绝说客之名也。"言讫，撩衣下殿，望油鼎中便跳。权急命止之，请入后殿，以上宾之礼相待。权曰："今欲与蜀主连和，先生可为我介绍乎？"邓芝曰："适欲烹小臣者，乃大王也；今欲使小臣者，亦大王也：大王犹自狐疑未定，安能取信于人？"权曰："孤意已决，先生勿疑。"说明邓芝说服了孙权：决心联合蜀国。

6. **坚定自信，不卑不亢，走向神交。**当张温出使蜀国，回吴后报告说明蜀国后主、孔明"愿求永结盟好"，并派邓尚书来吴答礼，孙权大喜，设宴款待邓芝。在宴席上，孙权问邓芝："若吴、蜀二国同心灭魏，得天下太平，二主分治，岂不乐乎？"邓芝答曰："'天无二日，民无二王'。如灭魏之后，未识天命所归何人。但为君者，各修其德；为臣者，各尽其忠；则战争方息耳。"孙权大笑曰："君之诚款，乃如是耶！"遂厚赠邓芝还蜀。后来孙权在给诸葛亮的信中说："和合二国，唯有邓芝。"

（三）"伐交与谈判"在商务领域中的应用

伐交与谈判，不仅用于政治、军事领域，在经济领域，在企业经营中，谈判既是战斗又是合作，谈判能力与谈判技巧成为企业经理的必备技能。日本松下幸之助有句名言："信赖社会大众的判断，并让社会了解你的诚实，事业才能成功。"哈佛商学院在对企业经理的培训中，将哈佛经理必须是一个协调者，哈佛经理必须是好的沟通者，作为哈佛职业经理人的必备素质之一。因此对伐交、谈判作为专门章节进行研究。提出了许多重要的原则和谈判方法技巧。对于我们理解"伐交与谈判"在企业经营中的运用很有启发，现选择重点的原则与方法，介绍如下：

1. 哈佛经理的谈判原则

谈判是管理者的责任。管理者的主要任务是实现组织的目标；而其部下的目的却是个人需求的完成，这往往会产生必然的对立。要激发部下的工作意愿，化解对立，管理者就必须发挥谈判、说服的能力，化解与周围的对立，创造有利于业绩提高的环境。有能力、有才能的管理者，必然也是谈判、说服的专家。

谈判、说服的本质在于沟通。谈判与说服的本质手段是通过"说"和"听"以实现目的，这种"说"与"听"的交换方式就是"沟通"。在沟通过程中，首先应掌握当时的情况，考虑对方所处的状态；同时要掌握对方的反映，从对方言谈的反映中掌握对方的心理，并迅速采取必要的行动，才能取得沟通的效果。

谈判是一种心理战。所谓的谈判力，就是运用某种方式说服对方，使谈判朝着有利于自己的方向进行的能力。善于将对方的反应引导到你所期望的方向，就是一个极其微妙的心理战。在谈判之前，多方调查对方的虚实，熟识敌情，了解对手内心的情绪类型；获取对手的有关资料；谈判中，善于观察对方，留意对方的表情、动作，找出他的特殊习性，决定该采取的谈判战术和技巧等。

诚意的重要性。辨识对方是否有诚意，找寻到真正具有诚意的人，是一段又长又苦的路程。诚意并不是必然的。在生意场上，最令人沮丧的是不真诚，不守承诺的人。诚意的付出是谈判之轮，也是成功之轮。除非双方都有诚意，否则谈判根本无法进行。所以与对手进行谈判不要胆怯，因为对方也需要真诚。

真正聆听的艺术。为了沟通顺利进行，谈判者之间必须相互传达信息。只有聆听，才能了解对方，决定如何达到最有效地沟通。为提高聆听技巧，要尽量把讲话减到最少程度；试着由对方的观点看事情；要对方相信你在聆听的最好方式是发问和要求阐明他正在讨论的一些观点等。简要说明讨论要点，是有效沟通的方法。沟通，在于表达对意见的感受；将注意力对准对方的脸、嘴和眼睛；将注意力集中于对手谈话的要点；抑制争论的念头；不要立即下结论等。

2. 运用"推—推—拉"的谈判技巧

老练的渔夫懂得如何钓鱼。先抛钓竿，鱼儿上钩后，让鱼儿随钩先逃一下，有点缓冲时间，再加点拉力，把鱼钓上来。谈判成功的步调永远是"推—推—拉"，绝不是硬邦邦气势汹汹的。以气势压人的谈判不会有效，因为他忽略了对手的立场。在谈判的舞台上，永远有两方，对谈判的进行和结果均有所贡献。只有经过"推—推—拉"的程序，你才能获得自己想要的利益，同时与你的对手保持互相敬重的关系。实行"推—推—拉"理论的重点在于，你很清楚自己的需要以及你能放弃的事务。"推—推—拉"的谈判技巧，也可说是谈判应该遵守的原则。

八 用谋与先知

（一）诸葛亮安居平五路与"知彼知己"

《三国演义》中，讲了一个诸葛亮智退北魏五路兵的故事。

蜀建兴元年（公元223年），刘备于白帝城去世后，魏文帝曹丕想乘机攻打刘禅，采用了司马懿，用"赂以金帛"、"官诰赏赐"、"许以割地"等办法，鼓动辽东鲜卑羌王轲比能、南蛮孟获、东吴孙权、反将孟达以及北魏自己的人马曹真，各起兵10万人，共50万人，从北、南、西、东各方，大举征伐刘禅。

边报告急，送到成都，刘禅等朝官众人惶惶然。急请诸葛亮商量，诸葛亮却连"病"三日，未能上朝。刘禅亲自到诸葛亮的住处探望病情，见诸葛亮却独自倚杖在小池边观鱼。刘禅说，曹丕五路兵犯境甚急，问丞相怎么办？诸葛亮一听，慌忙弃杖，将后主扶入内室坐定，胸有成竹地奏曰："五路兵至，臣安得不知？臣非观鱼，有所思也。"后主听了诸葛亮的安排，又惊又喜，曰："相父果有鬼神不测之机也！"

诸葛亮告诉后主，所思的对策是：先知羌王轲比能从西部进犯西平关时，知马超积祖是西川人氏，素得羌人之心，羌人以马超为神威天将，所以诸葛亮已经先遣一人，星夜驰檄，令马超紧守西平关，伏四路奇兵，以兵拒之；南蛮孟获，兵犯四郡，诸葛亮已致书魏延，因蛮兵其心多疑，故令魏延用疑兵之计拒敌，蛮兵必不敢进：此二路已不足忧矣。又知孟达出汉中；孟达与李严曾结生死之交；现李严驻守永安，诸葛亮以李严名义，仿作李严亲笔手书给孟达，估计孟见书会推病不出，此路兵也解。又知曹真引兵犯阳平关，此地险峻，可以保守，诸葛亮已调赵云引一军把手关隘，并不出战；曹真见我军不出，不久自退矣。此四路兵俱不足忧。同时又密调关兴、张苞二将，各引兵三万，屯于紧要之处，为各路救援。此数处调遣之事，皆不经由成都，故无人知晓。只有东吴这一路兵，诸葛亮估计孙权怨曹侵吴，必不肯轻易听从北魏调遣，虽如此，也必须派一能辩之士去吴，以利害说之，以退东吴，但还没有想好派谁出使东吴为好。后来，诸葛亮选定邓芝出使东吴，获成功。这样，曹丕的五路大兵攻蜀，经过诸葛亮的秘密调遣而逐一得以化解。（第85回）

（二）"知己知彼"的规律有普遍意义

诸葛亮身居成都，却能化险为夷，这是诸葛亮"知彼知己"的胜利。诸葛亮对敌情我情作"具体分析"，"有的放矢"，以谋制胜。

《孙子兵法》指出："知彼知己，百战不殆。"（《谋攻篇》）又说："知彼知己，胜乃不殆；知天知地，胜乃不穷。"（《地形篇》）说明了战争胜利与"知"的关系，也说明了"谋胜"与"知"的关系。孙子不仅强调"知"，而且强调要"先知"。出谋制胜离不开"先知"。所以，毛泽东把"知彼知己，百战不殆"称为"孙子的规律"，"科学的真理"。

1936年，毛泽东在《中国革命战争的战略问题》中，号召人们学习战争的规律，要成为智勇双全的将军，说有一个必用的方法。他说：
"什么方法呢？那就是熟识敌我双方各方面的情况，找出其行动的规律，
并且应用这些规律于自己的行动。"并说，学习时要用这个方法，使用
时也要使用这个方法。他在上文中接着说："将侦察得来的敌方情况的
各种材料加以去粗取精、去伪存真、由此及彼、由表及里的思索，然后
将自己方面的情况加上去，研究双方的对比和相互关系，因而构成判
断，定下决心，作出计划。——这是军事家在作出每一个战略、战役或
战斗的计划之前的一个整个的认识情况的过程。"诸葛亮安居平五路的
故事，与1700年后毛泽东的上述论述，在内涵上是如此地相似。毛泽
东从古今的经验中吸取其中蕴含的普遍规律，用于指导今天的革命实
践。为我们研究古代智慧，古为今用，做出了最好的榜样。

"知彼知己，百战不殆"的论断，有普遍意义。对战事适用，对商务经
营也适用；对抗争性质的事适用，对非抗争的事也适用。

（三）企业管理也要讲知，讲认知的辩证法

企业经营也要制定战略、策略，也离不开先知。作为企业的领导人，必
须具备全面的知识，能对环境变化的趋势了如指掌，只有这样，才能胸有成
竹地作出决断，掌握行动的主动权。

企业管理要"知彼知己"，也要讲认知的辩证法。要坚持客观、全面
地看问题，切忌主观性与片面性。决策的依据必须是真知。获得真知，就
要坚持辩证法。情报、知识有真有伪，有相对性，认知有先后，有深浅，
有时效性。要善于分析比较，去伪存真；要努力占有最新的知识、技术，
以便获得先机之利。

关于"知"的辩证法，孙子在兵法中最早就有说及。孙子的
"谋"、"算"是建立在"知"的基础上的。在《孙子兵法·用间篇》
中说："先知者，不可取于鬼神（即不可用祈祷而求），不可象于事
（不可以他事而类比），不可验于度（不可以星宿占验），必取于人，故
知敌之情者也。"依靠用间获得准确真实的情报。"能以上智为间者，必
成大功。"这是认知的唯物论思想。孙子主张用间以得"先知"；掌握
情报要"尽知"，掌握发展趋势，趋利避害；判断情况要知要害，知关
键，用现在的说法叫"关注关键数据而限制信息量"，如孙子说"知胜

有五"，就是要知：可战时机的选择；能战的条件准备（兵将、士气、粮秣兵器）；知将之能，授将以全权等。这是提高决策效率的思想，用以预见胜负。

"知"，对作战而言，主要是了解情况，收集情报信息，做到"知己知彼"。在如今的商战中，市场调查与预测，是获取成功的必要方法之一。真知来自实际调查。这方面的实例很多。

克林顿当美国总统的时候，曾经采用营销调查的方法推行他的新经济政策和废除原来的旧政策。调查显示：民众希望政府能着手处理浪费性的联邦支出。因此将削减预算赤字列为这一揽子政策的主要内容。

日本电气公司（NEC），在计算机和工业电子系统领域，是国际领先的制造商。当它重新设计它的个人笔记本电脑时，首先找的是用户作调查。根据多功能和标准化是大多数用户最关心的特征，重新设计了电脑的多功能区，研究了延长寿命的电池；调查发现人们越来越多的是随身携带笔记本电脑，于是设计了一种电脑线条更圆滑的品种，使电脑成为消费者的一个日用工具，结果投放市场仅四个月，其电脑的市场占有率就上升了25%，该新产品在一年之内就抢占了大约10%的市场。营销调查为 NEC 带来了甜头。

九 谋士献策与智囊思索

讲文韬武略不能不讲智囊，韬略常常是智囊人物提供的，伐谋、伐交、认知、相敌、用间等，都要靠智囊出主意。所以，在本章末篇，写一题讨论智囊问题。

（一）关于"智囊"、"智囊团"

智囊，足智多谋的人。人们一般称善于出谋划策的人为智囊，俗称为谋士。《三国演义》中有关于"智囊"的话，第106回上说："又有大司马桓范，字元则，颇有智谋，人多称为'智囊'。"现在还有"智囊团"一词，是指帮助他人出谋划策的一群人或组织。

《三国演义》中的诸葛亮是谋士，有人将他的才能比喻为伊尹、吕尚。这伊尹、吕尚就是我国最早的谋士。伊尹救商汤于夏台，商汤在伊尹帮助下成功灭夏，建立商朝。吕尚，帮助周文王西征大戎，东征黎邘等地，后又辅佐武王灭了商朝，建立周朝（西周）。春秋战国时期，有楚春申君、齐孟尝君、赵平原君、魏信陵君四君主，他们"方争下士，招致宾客，以相倾夺，辅国持权。"（《史记·春申君列传》）这"方争下士，招致宾客"，就是招揽谋士，供养智谋人才，成为国家的智囊。著名的兵家孙子、孙膑、吴起，也是智囊、谋士。孙武为吴王阖闾出谋献策；吴起为魏文侯献计献策；孙膑也为齐威王出治国大计。

（二）《三国演义》智囊多多

《三国演义》中，魏蜀吴三国都有谋士在出谋划策。魏有荀彧、荀攸、郭嘉、程昱、许攸等；吴有张昭、周瑜、鲁肃、张纮、陆逊等；蜀有诸葛亮、庞统、法正等。不论曹操、孙权，还是刘备，在重大问题的决策中，都是能与文臣武将商议，听取他们的智慧。据不完全统计，在《三国演义》中，记载曹操与谋士讨论问题，就有17次之多。下面举一个谋士陈宫向吕布献三策的故事。

吕布兵败下邳，曹操来攻，陈宫献一策：建议趁操兵方至，"寨栅未定"，攻之。吕说："吾屡败，不可轻出"，不纳。曹兵与吕布对峙，陈二次献策：主张实行犄角战术与曹战，就是吕布屯兵于外，陈宫守兵于城；若曹攻外，陈可助吕；若曹攻城，吕可夹击曹。吕亦认为此计好，但恋妻妾，没有实行。后陈宫又献一计：听说曹操粮紧张，建议吕布袭曹粮道，但吕说曹诈，又不纳。陈宫对吕布献计三次，但恃勇无谋的吕布不以为然，结果吕布在白门楼毕命，陈宫也战死。（第19回）

这个典故说明两个问题：首先对于"智囊之才"：一是要有谋。陈宫有谋，通古达今，聪明绝顶，其所献之谋，就敌我情势而言，也是正确的；他恨曹操的凶残，愿意帮助吕布守徐州，希望能打败曹操。二是要识人。为谁而献，谋为谁所用。谋略只有献给大智之人，其人识势识谋，你的谋才值得一献，其谋才能发挥作用。陈宫的优点在于识势有谋，其缺点在于不能识人，因此谋不被采纳，结果自己也身受其累。其次对于担负领导责任的人：一是要重视计谋，要欢迎别人提议献计，做如诸葛亮所说的"多见为智，多闻为神"的明君；二是要明断，善辨是非，"心有灵犀一点通"，则能借人之智，实现自己的目标。

　　（三）现实中的"智囊"与"智囊团"

　　古代的智囊，主要是辅佐之臣，为君主或主将出谋献策。朝中的文臣武将，既是出谋建议者，也是谋略的执行者。

　　在现代，智囊问题首先被军队所用，称之为参谋。对国家或军队是设参谋部，设专门的研究机构。我国的社会学家费孝通，他在20世纪40年代初访问美国时，见到罗斯福起用一些教授到政府里当官，认为罗斯福是采用了"智囊团"。在政府部门、事业部门、企业单位等，也广设类似参谋机构的单位，如研究机构、谋略机构、培训机构等。现在社会上的企业与研究机构、高等学府、咨询机构挂钩，就是借社会之智囊或智囊团，为自己定战略、立项目、搞管理而出谋划策。

　　智囊团，人们也有把它称为思想库的，它集中了社会的各种人才，他们为社会服务，或咨询，或参谋，帮助他人出主意，改进工作。

　　如美国兰德公司，是1948年成立的一个智囊机构，被称为美国政府的一个智库。1950年5月朝鲜战争爆发，9月15日美军在仁川登陆，声言打到鸭绿江。对战局的发展，兰德公司在朝鲜战争伊始，就投入大量人力、资金作研究，对战局的发展提出自己的预测，结论就是七个字："中国将出兵朝鲜。"兰德公司将研究报告提交给美国五角大楼，要价二百万美元。美国官员认为，中国刚结束八年抗战和三年内战，从人力、财力、社会等方面，没有能力出战朝鲜，与"联合国军"抗衡，因此对这个智囊团的报告没有理睬。事实是，同年10月25日，中国人民志愿军跨过鸭绿江，赴朝参战。朝鲜战争打了三年，以美国的失败而告结束。事实证明兰德公司的预测是正确的。为了总结朝鲜战争的教训，美国五角大楼又花五百万美元，从兰德公司买回了这份报告，并为事先未采纳兰德公司的意见而惭愧。

智囊团，这类智囊机构，有的也称为咨询公司。在当代最为著名的，除兰德公司以外，还有美国斯坦福研究中心，英国伦敦战略研究所，日本野村研究所等。在经济领域，咨询服务作为新经济的组成部分获得蓬勃发展，各种咨询公司，为企业做财务、法律、管理、技术等各方面的咨询，帮助企业就企业改革、发展规划、企业文化、企业战略、人力资源等出谋划策。这个咨询行业，在西方十分流行。据 Key Publications 估计，1999 年，全球咨询市场的价值已经达到1 160亿英镑，其中美国市场为 500 亿英镑，欧洲市场为 360 亿英镑，余下的市场为 300 亿英镑。这些数据反映了咨询行业全球化的一些情况。以 IBM 全球服务公司（电脑服务）、安达信咨询服务公司（现名 Accenture）（从事 IT 和外购咨询）、Deloitte 咨询有限公司（从事全球性保险精算和咨询）、KPMG 咨询公司（信息技术、战略、项目管理等）、CSC 计算机科学有限公司（全球性的信息服务）、麦肯锡公司（公司战略咨询，全球著名的管理咨询公司）等全球性的咨询公司，在 IT 信息技术、企业战略服务、经营管理、人力资源管理等方面享有良好声誉。

随着世界新经济的网络化、全球化、技术创新对组织变革的影响、网络企业模式等特征，新经济下的商业模式，由传统的获利模型，已经向联盟与合作的世界转化。智力资本至关重要，咨询不仅成为一种行业，也是一种职业。

（四）智囊与建立学习型组织

管理咨询在国家和企业管理中发挥着重要作用。管理咨询的发源地是英、美。于 19 世纪后期和 20 世纪早期，由美国、英国的管理思想家和商人建立起来的。美国行为学家乔治·埃尔顿·梅奥（Geoge Elton Mayo）提出了行为科学、人际关系学说后，咨询业务的核心由美国转移到英国。后来，每一新的管理理论出现，将管理实践推向新的高潮，都有咨询业的迅速发展相伴随。

企业的发展，随着管理理念的进步，对企业管理智囊的需求越来越迫切，企业的发展使其与咨询公司的合作越来越密切。咨询公司承担企业决策的智囊团的作用越来越明显。

与此相关，成功的跨国企业总结了"建立学习型组织"的模式。反映了企业对知识的学习和对智囊的需求。主张在企业内部要营造崇尚学习的氛围，向一切先进的企业学习，提高全员的素质和创新能力。这是构成企业核心竞争力的组成部分。企业借助智囊，增强发展谋略与管理智慧，更需要通过培训，提高全员的素质与创新能力，这是组织发展的智力之源，活力之源。"问渠那得清如许？为有源头活水来。"（朱熹：《观书有感》）学习出智慧。全员的学习，在人才强国战略中，具有更重要的位置。

　　我党中央十七届四中全会指出："把建设马克思主义学习型政党作为重大而紧迫的战略任务抓紧抓好。"可见全党对学习新知识的重视。党中央书记处带头，坚持党组中心组学习制度，定期确定学习专题，请各方面的专家学者讲课，进行专题调研考察，为党和国家制定重大决策提供依据。建设学习型党组织的行动，必将带动全国各行各业建设学习型组织，各级干部做坚持终身学习的学习型干部，向书本学习，向实践学习，向群众学习，优化知识结构，提高综合素质，增强创新能力。这既发挥各方智囊的作用，也调动全员的学习积极性，对企业的发展，对国家的兴旺，确实是一件"坚持数年，必有好处"的重大的好事。

　　上面我们讨论了"用谋"与知识的关系，与"先知"，与"智囊"、"智囊团"的关系。从战略规划而言，还有关于居安思危的"备战"方面，物资装备的"后勤保障"方面，科技发明创新等，这也是不可缺少的内容。孙子主张"先胜而后求战"，就是重在于"备战"。限于篇幅，在此不再赘述。中国的军事传统重谋轻技，既是我们的优点，也是我们近代在技术上、军事上落后于西方的直接原因。

用奇篇

运用之妙，存乎一心

折戟沉沙铁未销，自将磨洗认前朝。

东风不与周郎便，铜雀春深锁二乔。

——（唐）杜牧《赤壁》

醉里挑灯看剑，梦回吹角连营。

八百里分麾下炙，五十弦翻塞外声，沙场秋点兵。

马作的卢飞快，弓如霹雳弦惊。

了却君王天下事，赢得生前身后名。可怜白发生！

——（南宋）辛弃疾《破阵子·为陈同甫赋壮语以寄之》

战略是重要的，战略决定方向；战略目标的实现，取决于每一个具体战役、战斗的胜利，取决于在战术上打胜仗。因此，战术也是不可忽视的。对企业而言，有了规划，有了方向，就进入了具体实施的阶段。与竞争对手抗衡，就需要有奇策，需要善于用奇，才能保证战役或战斗的胜利。

本篇专门讨论"用奇"的问题，分析用奇的重要性，"出奇制胜"所必须考虑的时空条件、战法奇正、目标虚实以及权衡效果与效益等问题。从古人的智慧中激发灵感，开拓创新，在工作中以巧成事。

一 草船借箭与用奇

兵以诈立，战以奇胜，在两军交战之中，历来以得奇谋妙计者容易得胜利。商争也同理，善用奇谋者，容易掌握竞争制胜的主动权。《三国演义》中，有许多奇谋制胜的故事，诸葛亮的"草船借箭"，就是典型的一例。

（一）"草船借箭"的智慧

《三国演义》中说：周瑜因嫉妒诸葛亮的才能而刁难诸葛亮，并要找个借口想除掉他。所以在与众将议事时，对诸葛亮提出：与操军于江上作战，"正缺箭用，敢烦先生监造十万支箭，以为应敌之具。先生幸勿推却"，并定了限期十天。诸葛亮明知周瑜是在刁难，但为促成孙刘联合，显示刘备方的实力，诸葛亮却说：何须十日，只需三日，即可办成，并立下了军令状。周瑜认为诸葛亮是自己找死，令鲁肃去看诸葛亮是否有诈。诸葛亮只求鲁肃帮忙准备了装满柴捆的 20 条快船和部分军士。平时，并无动静。到了第三天凌晨，借着大雾临江，伸手不见五指，诸葛亮请鲁肃作陪，前去曹营水寨，击鼓呐喊作进攻之状。曹营闻声，箭如雨发，箭中草船，结果不费东吴半分力，从曹营轻易借得利箭十万余支，按期交付。鲁肃惊奇地问："先生真神人也！何以知今日如此大雾？"孔明曰："为将而不通天文，不识地利，不知奇门，不晓阴阳……是庸才也。亮于三日前已算定今日有大雾，因此敢任三日之限。"鲁肃拜服。（第 46 回）

"草船借箭"是诸葛亮的"用奇"。诸葛亮的"奇"，是奇在思维方式上。同为造箭，周瑜与诸葛亮的思路不同。周瑜有人有权，造箭用的是常法：由自己的工匠打造。于是让工匠料物，都不应手，磨过三日，交不出箭，就可给诸葛亮一个风流罪过，置之于死地而后快。诸葛亮无人无权，要得箭，只有用奇法：反向思维，不用工匠打造，却可得箭。只用东吴的几条船，到曹营中借箭。这一招，只有诸葛亮能够使用，就是凭诸葛亮有"通天文，晓阴阳"的知识，算得重雾漫江的时机，并知曹操用兵"于重雾中必不敢出战"的心理。他的奇计是建立在知彼知己、知天知地的基础上的，并非借助鬼神与空想。诸葛亮"草船借箭"可谓一举三得：一是与周瑜斗智，"我命系于天，公瑾岂能害我哉！"挫败周瑜的气焰；二是实实在在为东吴获得了十万支箭，以利战曹兵；三是让东吴不可小视刘备集团的实力，促使东吴将帅在心理上认同孙刘联盟的重要意义。诸葛亮之所以冒险一试，并非是意气用事的卖弄乖巧，而是为实现孙刘联合抗曹的战略目标而采取的关键行动。一则"草船借箭"的故事，留给后人无穷的遐想。

（二）善于用奇的重要性

善于用奇，三国中还有例证。曹操的儿子神童曹冲称象，就是其中之一。大象太大，曹冲不能直接称出大象的体重。办法是借船来称。先把大象引上船来，船帮浸入水中，水面在船帮上留下印记；记下这个印记，然后牵象上岸；再往船里倒入瓦砾，倒到船帮上的印记与水面相平时为止；然后称出倒入的瓦砾的重量，也就知道了大象的全部重量了。这就是一种打破常规的思维方法：神童曹冲用大象在船中的排水量与倒入瓦砾的排水量相等的办法，间接地测得大象的体重。

　　童年的司马光破缸救人是又一例。故事说，一孩子掉入一个水缸中，有被水淹死的危险。周围一群小孩急着去救，却想不出办法，正面去救，小孩们爬不到水缸上去；纵然爬上去，也够不着落水的儿童。怎么办？在这群孩子中，有一位叫司马光的，急中生智：抱起一块大石头，把水缸砸破，缸内的水流出来了，落水的儿童得救了。这也是一个打破常规的思维方法，损失一缸，救出一人。

　　古人有用奇思维，现代人们也有用奇思维，出奇制胜。在一次欧洲篮球锦标赛上，保加利亚队与捷克斯洛伐克队比赛。当比赛还剩 8 秒钟时，保队以 2 分优势领先，稳操胜券。但是，那次比赛实行的是循环制，保队赢球必须超过 5 分才算最后赢。这时保队教练要求暂停。暂停后比赛继续，此刻，一保队队员迅速跑到自己的篮球框架下投进一球，全场目瞪口呆。比赛时间到，裁判宣布进行加时再赛，此刻人们才恍然大悟：原来这是保队的一个作战策略，此举使双方比分相平，为保队获胜创造一个再战的机会。经过加时赛，保队赢得对方 6 分，如愿以偿地出了线。这也是一个打破常规的思维方法，为自己最后的胜利赢得了再战的机会。当然，保队对于再战获胜是胸有成竹的。

　　用奇的关键，就是打破常规进行思考，奇策来自于"巧思"，依据知识（如称象），依据条件（如砸缸），依据规则（如球赛），打破常规的思维方法，找到解决问题的途径，获取最后的胜利。

　　（三）搞发明创造需要用奇

　　用奇，需要智慧，需要多思善想，对于搞发明创造尤其重要。发明创造，要发他人未发之想，创他人未创之事，更要用奇。要有奇思妙想，有奇方妙策，才能创造奇迹。

　　举我国航天事业的成就为例。火箭飞向月球需要一定的速度和质量。科学家经过精密计算认为，火箭上天，其自重至少需要100万吨。如此笨重的庞然大物是无论如何也无法飞上天空的。因此，在很长一段时间里，不少科学家认为，火箭根本不可能被送上太空。但是，有人发问，用火箭推动登月器上天，一级火箭不行，分几级推动上天行不行？如此想，问题便豁然开朗了。这样火箭的自重就可以减轻，再将火箭分成若干级，一级一级地推动，当第一级将其他级火箭送出大气层，让它自行脱落，以减轻重量，这样火箭的其他部分就能轻松地逼近月球了。如此一级一级推动火箭上了天，火箭奔月就是这样发明的。

火箭推动由一个整体推动改为分成几级火箭推动，解决了科研上的难题。由整到分，也可以认为是一个逆向思维方式。逆向思维又称反向思维，是指从反面（对立面）提出问题和思索问题的思维过程。是以背逆常规的思维方法来解决问题的思维方式。在科学发明中也是常用的方法。

（四）搞管理需要用奇

现在我们说管理。搞管理不能墨守成规，需要有新道道、新套套，需要运用智慧，用各种新角度、新思路来想问题，从而提高管理效能。其实，好的管理也是一种创造，也需要用新的观点、新的思路、新的方法来解决出现的新问题。现实中，这样的事是经常发生的。

举一个商业上的例子。1945年，美国一家搞机械的工厂，厂长名叫威尔逊，他看准信息产业的发展前景，花重金聘请专家，研究发明了新式的复印机，一台复印机的成本为2 400美元。出售时，拟定售价为29 500美元。这个定价利润甚高，高到了为美国法律所禁售。威尔逊是故意这样做的：他发了一个管理奇想，不卖产品卖服务，做复印机的租赁生意，这个做法是当时的美国法律所允许的。因为这种复印机的复印质量极好，其租赁所得利润要比出售所得利润高出数十倍。于是该厂大发其财，而威尔逊也一跃变成了"复印机大王"。

在我国上海，1999年3月1日，《新民晚报》登出一则消息："灵机一动，省下亿元——超大型船将倒航进出宝山港"。当时，上海集装箱装卸在一些主要港区已经饱和，而宝山港却因船舶掉头区和部分航道太"窄"的限制，重载超大型船舶被卡在港池外面，吞吐量日益萎缩。专家研究认为，要解决航道问题，难度极高，花费巨大。上海港引航站站长、高级引航员杨锡坤提出了与众不同的设想：用倒航的办法，将超大型集装箱船引入宝山港池，一举解决了超大型船体掉头难的问题。这一方案不仅可以免去扩建港口工程费上亿元，而且将大大缩短船舶公司的运期。将船舶进港由"正行"改为"倒航"，虽然增加了引航站的工作难度，但却因此解决了"超大型船舶在宝山港掉头难"的问题。也是一次反向思维的成功案例。

二 八阵图与创新

用奇要创新，创新才会出奇。

（一）《三国演义》中的创新

《三国演义》中写了很多很多的战，什么乌巢战、赤壁战等；写了很多很多的计，什么"假途灭虢"计、"二虎竞食"计等。那战战不同，那计计相异，无不突出一个"出新"，无不突出一个"用奇"。

《三国演义》中还写了很多很多人物，其中不少智谋人物都很会出新。不仅有新点子、新招数，还有新发明、新创造。其中尤以诸葛亮为最，诸葛亮草船借箭是用奇，诸葛亮发明的木牛流马是创新，练兵布阵的"八阵图"是出新；它们都是出奇制胜的表现形式。下面重点就"八阵图"对管理的启示做以分析。

"八阵"之说，最早见于《孙膑兵法》，其中有一篇，名叫"八阵"，是谓兵阵的统称。诸葛亮的"八阵"是什么？

《三国演义》第84回，有"孔明巧布八阵图"的故事。是说东吴陆逊，大破蜀军，往西追赶到一地，叫鱼腹浦。陆逊在马上见"前面临山傍江，一阵杀气，冲天而起。"即差哨马前去探视，回报江边并无人马，只有乱石八九十堆。从当地人了解到："诸葛亮入川之时，驱兵到此，取石排成阵势于沙滩之上，自此常常有气如云，从内而起。"陆逊引数十骑来看石阵，"时值日暮，忽然狂风大作"，"无路可出"。后得见一老人，经其引路，方迳出石阵，送至山坡之上。陆逊问曰："长者何人?"老人答曰："老夫乃诸葛孔明之岳父黄承彦也。昔小婿入川之时，于此布下石阵，名'八阵图'。反复八门，按遁甲休、生、伤、杜、景、死、惊、开。每日每时，变化无端，可比十万精兵。"陆逊慌忙下马拜谢而回。陆逊回寨，叹曰："孔明真'卧龙'也! 吾不及也!"遂下令班师。这是说明了"八阵图"的神奇和功用。

《三国演义》第100回，有"武侯门阵辱仲达"故事。诸葛亮于建兴八年（公元230年）秋，第四次出祁山，打败魏将曹真，致使曹真气病交加，死于营中。副都督司马懿与孔明交战。司马懿先布出一阵叫"混元一气阵"。孔明布了一个"八卦阵"。司马懿回本阵中，唤戴陵等三将，吩咐曰："今孔明所布之阵，按休、生、伤、杜、景、死、惊、开八门。汝三人可从正东生门打入，往西南休门杀出，复从正北开门杀入：此阵可破。汝等小心在意。"结果当三人杀入蜀阵，"只见阵如连城，冲突不出"，三人慌引骑转过阵脚，却被蜀军射住，"阵中重重叠叠，都有门户，那里分东南西北?"三将不能相顾，一个个皆被缚了。这是说的"八卦阵"的变化无穷。从上述可见，"八阵图"、"八卦阵"，虽有共同的"反复八门"，但运用起来，"每日每时，变化无端"，所以有"可比十万精兵"之称。

除去小说中的"神奇诡妙，变幻无穷"的描写未必可信之外，诸葛亮的"八阵图"作为行兵经阵之法，确实是存在的。陈寿在《三国志·诸葛亮传》的正史中有记载："亮性长于巧思，损益连弩，木牛流马，皆出其意，推演兵法，作八阵图，咸得其要。"

西晋李兴在注释诸葛亮的"八阵图"时指出："推子八阵，不在孙吴。"就是说诸葛亮八阵图的设计，有不少是他独创的，而不限于孙吴所设计的八阵。诸葛亮自己也表示："八阵即成，自今行师，庶不复败矣。"（《诸葛亮集》引自《水经注》）可见八阵图确实是诸葛亮相当得意的创作，是他所设计的独特的行军、作战或宿营阵形，其目的是提高蜀军进攻与防御的能力。由于相当实用，对后代的影响也很大。司马昭在平灭蜀汉后，便命令陈勰学习诸葛亮"阵图、用兵倚伏之法"，并要用"武侯之法教五营士"。北魏习雍上书魏文帝（曹丕）："宜采诸葛八阵之法，为平地御寇之方。"唐朝兵法家李靖，根据诸葛亮八阵之法，创造了六花阵法等。

由上可见，诸葛亮的"八阵图"是他在行兵布阵、练兵御敌的一种独特的阵法。是他在孙子吴子兵法基础上的独特创造，是他在兵法战策上的创新发明。既继承古人，又超越古人。这种肯于发明创造的精神对我们今天的管理启示多多。

（二）企业管理中的创新

对管理者而言，创新是一种品质，也是一种责任。社会是发展的，不断地新陈代谢、推陈出新，是事物发展的必然趋势。企业经营，也是不断地推陈出新，采用新技术、新材料、新工艺，研制新产品，开辟新市场。企业管理，也要不断提出新思路，解决新问题，开创新局面，因此管理离不开创新。在科技日新月异的今天，创新已被视为国家发展、社会进步的动力所在；创新能力被作为评价一个国家综合竞争力的主要指标之一。因此，提倡改革，推动创新，是企业领导者的责任。

奥地利著名经济学家 J. A. 熊彼特，他在 1912 年所著的《经济发展理论》一书中首先提出"创新"的概念。熊彼特认为，创新是企业诸生产要素重新组合所导致的，有五种创新：产品创新，生产方法创新，市场创新，利用原材料创新，组织形式变革创新。有人把这五种创新归纳为两类：技术进步引发的创新和管理变革引发的创新。创新中最为重要的是知识的创新，科技的创新。

创新中会遇到困难和挫折，甚至有失败的风险；没有困难与挫折，就不可能有创新。哥伦布航海发现新大陆，是冒着生命的危险；哥白尼发现"日心说"，却遭到了恶旧势力的绞杀。因此，创新需要有坚强的意志，要有百折不挠的精神。这也是创新的本质特征之一。

管理创新也是这样。为了适应新的情况，企业管理体制、方法，也要出现变革。为了实现创新，人们从思维观念、策略方针、工艺技术、管理方法、组织形态、用人要求等方面都必须做图变考虑，在实践中找到解决问题的新方案。

进入 21 世纪，改革创新已经成为时代精神的核心。党的十七大报告提出：提高自主创新能力，建设创新型国家。这一切将要求企业在经营理念、产业结构、发展道路、对外开放和可持续发展等方面，适应经济全球化、提高国际竞争力，作出创新的思考和努力。通过创新，开辟新路，为企业带来持久的发展与繁荣。

创新是重要的，创新是出奇制胜。发明是创新，改进也是创新；变革是创新，综合创造也是创新；全新是创新，局部改进也是创新；点滴改进从某种意义上说也是创新，要依情而用。只有不断地求进取，求发展，才能在实践中实现创新。这里我们可以重温毛泽东的名言："人类总得不断地总结经验，有所发现，有所发明，有所创造，有所前进。停止的观点，悲观的观点，无所作为和骄傲自满的观点，都是错误的。"（《毛泽东著作选读》下册，845 页）告诉我们要永不满足现状，要勇于推陈出新。

三 用谋与应变

用奇，要注意应变。不同的时空条件，不同的对象，要依情而用变。应变用于战事，是制胜的条件；应变用于商场，是成功的条件；应变用于管理，是取得业绩的条件。

（一）《三国演义》中应变的故事

应变用于战事，《三国演义》中的故事很多，如曹孟德给董卓献刀的故

用奇篇 运用之妙，存乎一心

事，周瑜受伤装死的故事，诸葛亮施计智退曹兵的故事等。

曹孟德献刀。 董卓欺主弄权，社稷旦夕难保。朝中旧臣在司徒王允家相聚皆哭。曹操说："近日我屈身以事董卓，实欲乘机会图杀之。闻司徒有七宝刀一口，愿借与操入相府刺杀之，虽死不恨。"王允曰："孟德果有是心，天下幸矣。"遂给操酌了酒，操沥酒设誓，王允随取宝刀与之。次日，曹操佩着宝刀，来到相府，入见董卓。董卓让侍立于侧的吕布出去看马，自己倒身而卧，转面向内。操急掣宝刀在手。恰待要刺，不想董卓仰面看衣镜中，照见曹操在背后拔刀，急回身问曰："孟德何为？"此时吕布已牵马至阁外，操乃持刀跪下曰："操有宝刀一口，献上恩相。"卓接视之，见其七宝嵌饰，极其锋利，果宝刀也，遂递与吕布收了。操解鞘付布。卓引操出阁看马。操谢曰："愿借试一骑。"卓就教与鞍辔。操牵马出相府，加鞭望东南而去。（第4回）曹操临危镇定，灵活应变，躲过一劫。

周瑜装死，反败为胜。 曹仁与东吴兵于南郑城外大战，曹仁的伏兵以毒箭射中周瑜，翻身落马，被徐盛、丁奉救出，送回帐中。程普令三军紧守各寨，不许轻出。周瑜虽患疮痛，听曹兵来寨前辱骂，心生一计：对程普说：我无大碍，"可使心腹军士去城中纳降，说吾已死，今夜曹仁必来劫寨。吾却于四下埋伏以应之。则曹仁可一鼓而擒也。"程普说："此计大妙！"随就帐下举起哀声。众军大惊，尽传言都督箭疮大发而死。各寨尽皆挂孝。却说，曹仁在城中商议：周瑜中箭必亡。忽报："吴寨内有十数军士来降。""特报此事。"曹仁大喜，即令今夜便去劫寨，夺周瑜之尸。结果曹仁中了周瑜之计，曹兵大败。（第51回）

诸葛亮施计智退曹兵。 曹操杀了马腾后，乘机发三十万兵前来伐吴。孙权命鲁肃去刘备处告急求救。此刻刘备正准备出兵西川，如去救吴就会丢失进川的良好时机；不救，又违背孙刘结盟之谊。在两难之际，诸葛亮出了一个计谋：诸葛亮认为，"操平生所虑者，乃西凉之兵也。"今操杀马腾，其子马超必痛恨曹操，只消联合马超，使超兴兵入关，则曹操"又何暇下江南乎？"刘备依计而行，马超率二十万大军杀向潼关。曹操只好从东吴退兵，回救潼关。东吴之危迎刃而解。（第58回）

上述几个故事，说明了"应变"在用奇中的作用。这些故事印证了孙子"因变制胜"的原理："兵无常势，水无常形，能因敌变化而取胜者，谓之神。"

世界上任何事物都是变的。"天不言而四时行，地不语而百物生。"变化是无时无刻不在进行着的，"变"是客观存在，关键是如何应对变。办法只有一个，就是随机应变，敌变我变。张预对《孙子兵法·九变篇》作注曰："变者，不拘常法，临事适变，从宜而行之之谓也。"战争中的情况瞬息万变，有利的战机也是稍纵即逝，因此，为将者，要善于通权达变，要以害为利，不可拘于常理；要知变用变，机断行事。

（二）企业领导人需要具备应变和危机处理的能力

"应变"是制胜的策略，也是一种正确的思维方式。其实质是敢于突破常规的思维定势，打破旧框框，提出新思路、新方法。领导者要沉着，机敏，提高随机应变的能力。

在市场经济条件下，市场环境是瞬息万变，企业领导者需要应对的挑战很多，成功地处理突发事件和危机，对领导者应变能力是一个大的挑战。在管理学中有一个"权变管理理论"，是说企业要根据所处的内外部条件的变化而随机应变，针对不同的具体条件寻求不同的最合适的管理模式、方案或方法。这对古代的应变思想是一个系统地发展。

突发事件，是以前从未发生过的，它难以预料、无章可循，又关系企业安危。管理学家西蒙认为，处理突发事件是非程序化决策问题。对领导者的应变能力是个考验。危机，可以理解为潜伏的祸机；或理解为生死成败的紧要关头。危机的形成往往以某一事件为契机，而突发事件往往是危机的先兆。

但是，突发事件和危机又不完全是无法预测和把握的。事件是偶然发生的，领导者的责任是要善于透过偶然性发现其深刻的必然性，运用领导艺术，把握危机，甚至可以将危机转化为良机。

我们从《三国演义》中学习应变思维，吸取古人临危应变的智慧，对于掌握处理突发事件的方法和艺术，至少有以下几点启示：

1. 当机立断，迅速控制事态。曹操抽刀被董卓发现，他立即将"谋刺"改为"献刀"；快速反应，果断行动，控制局势，是处理突发事件的显著特征。

2. 注重效能，标本兼治。应变决策必须针对要害问题，治"标"，可控制事态；同时，应变要谋求治"本"。如曹操借"试马"而脱离虎穴。

3. 打破常规，敢冒风险。对突发事件的处理，要改变正常情况下的行为模式，要迅速而灵活。如周瑜受伤，顺势装死，引曹仁上钩，转败为胜。

4. 缓解矛盾，变害为利。突发事件是矛盾激化的产物。在采用超乎常规的办法，缓和矛盾之后，须迅速查明导致突发事件的原因，对症下药，化害为利。如诸葛亮知"操平生所虑者，乃西凉之兵"，所以借马超之兵，转移了危机。

四 "悬权而动"与效益

（一）关于"悬权而动"

用奇，要顾及效果，"悬权而动"就是顾及效果的一个重要原则。

《三国演义》中，诸侯纷争，有的败了，有的胜了，何以如此？前面我们分析了许多原因，还有一个重要原因是能否用好"悬权而动"的原则。这是一个关系决策制胜的原则。

"悬权而动"语出《孙子兵法·军争》。"悬"是挂的意思，"权"，指秤砣，衡器，"悬权"引申为权衡。"悬权而动"是说，做事情，先要掂量掂量，根据其利害轻重而决定动作。孙子说："掠乡分众，廓地分利，悬权而动。"意为先权衡决策的利害得失，然后决定用兵。曹操为此作注释时说：也就是"量敌而动"。

"悬权而动"的核心是一个"权"字，心机奥妙全体现在一个"权衡"

之中。与"权"字相关联的词有"权术"、"权谋"、"权变"、"权衡"、"权数"等。这些词意昭示我们，做事用谋先用权，权衡比较，弄清利害、轻重、利弊、得失。在比较强弱众寡之时，要弄清"权数"，算出胜负的比例关系。在作决策时，要识别对方的"谋"、"术"、"量"，与自己的情况相"权衡"。要用"谋"，用"术"，用"变"，实现付出最小、收获最大的"奇谋"。在经济学上，"悬权而动"这是低投入高产出的效益决策；在管理学上，"悬权而动"就是"随机制宜的，因情况而异的管理"，是一种"有效的管理"（美国管理学家孔茨语）。

在战国时期，有孙膑与庞涓斗智的故事，就是一个"悬权而动"的案例。古时军队宿营要挖灶烧饭，兵多则灶多，这是常识。齐国的田忌与孙膑为了把魏国的庞涓引入有利的战地桂陵（今山东菏泽东北），采用"减灶术"，每到一地，兵员未减，但挖灶的数量大减，使庞涓认为齐军越来越少，于是轻兵急进，结果桂陵一战，魏军大败，庞涓被俘。孙膑用的是智胜，是权术，制造假象迷惑对方；庞涓虽重视权衡众寡，但忽略了孙膑的智，以假的情报为依据，作出错误的判断，结果中计，军毁人亡。（《孙膑兵法·擒庞涓》）

还有一个田忌赛马的故事。齐国大将田忌好与齐威王赛马，田忌常输。一次，田忌又与齐威王赛马，孙膑为田忌出谋：请田出下等马与对手的上等马对阵，出上等马与对手的中等马对阵，出中等马与对手的下等马对阵。三赛结束，田忌取得了两胜一败的战绩，胜了齐威王。这就是在比赛中善用权谋，悬权而动。"权"，关系成败。这里的"权"，不是数量的权衡，而是"权谋"，是兵力的运用谋略。诸葛亮在《兵法》一文中对孙膑的智谋做出了诠释："知有所甚爱，知有所不足爱，可以用兵矣。故夫善将者，以其所不足爱者，养其所甚爱者。""兵之有上中下也，是兵之有三权也。孙膑有言曰：'以君下驷，与彼上驷；取君上驷，与彼中驷；取君中驷，与彼下驷。'此兵说也，非马说也。"下等马自然胜不过上等马，这是我本要舍弃的；但对方的中马不足以对我上马，对方的下马不足以对我的中马，"得之多于弃也"。同时，这也是专攻其缺的战法，"不从其暇而攻之，天下皆强敌也。"（《诸葛亮集》）有所舍才能有所得，调整兵力，专攻其缺，从而以少的损失，获取大的胜利。

（二）《三国演义》中的"悬权而动"案例

《三国演义》第31回，记叙曹操与袁绍会战于仓亭。背景是曹操在官渡打败袁绍后，挥师渡过黄河，猛追袁绍。袁绍退回冀州，袁绍的儿子袁谭、袁熙，外甥高幹分别从幽州、青州、并州会聚冀州，得兵二三十万，前至仓亭，与曹操决战。曹操与谋士商量破袁之策。程昱献"十面埋伏"之计，劝操曰："退军于河上，伏兵十队，诱袁绍追至河上，我军无退路，必将死战，可胜绍矣。"曹操采纳了程昱的计谋，按计行事，设十路兵埋伏，让许褚诱敌，袁绍中计，曹果获大胜。这是"权谋"之胜，如同韩信的"背水阵"，对己方，用的是"置之死地而后生"的"风险激励"的士气之胜，对敌用伏击，是"攻其无备，出其不意"的智谋之胜。也是一个以少胜多，出奇制胜的胜仗。

（三）"悬权而动"用于企业管理

将"悬权而动"用于企业管理，说明决策也好，出奇创新也好，要权衡利弊，讲求效益，要努力规避风险，不可感情用事。

从上述的分析中，我们认识到，"悬权而动"有多重含义。它包含着"权变"，因权而变，权衡我方、对方的情况，采取相应对策，或化解矛盾，或变被动为主动，或变小利为大利等。如田忌赛马就是一例。"悬权而动"还包含"权谋"，因权衡而设谋，谋一个"善战者，致人而不致于人"（《孙子兵法·虚实》）之略。如孙膑减灶之策而胜庞涓。它还包含"权数"，就是权衡利弊的大小等。在军争中，如孙子所说，"非利不动"，"非得不用"。对企业管理中的决策，就要权衡效益，力争使产出大于投入，既要考虑企业的效益，也要考虑社会效益、环境效益、顾客效益等。做到企业效益与社会效益兼顾，对企业负责与对顾客、消费者、对社会负责的相互统一。

"悬权而动"所考虑的因素有确定的与不确定的之分。依据确定的因素相权衡，则结果将是可以预期的，这是最理想的权衡与决策；依据不确定的因素所作出的权衡与预测，其结果也必然是不确定性的。"悬权而动"的重要性更在于此。微观经济学对所谓"不确定性"的定义，是指行动的结果总是被置于某种概率之下，就是利与弊各占一定的百分比。在成功的同时，也潜藏着一定的风险。而这样的权衡与决策，在实际中又往往是必须的，必不可少的。在军事博弈中是如此，在企业管理中也是如此。

有人说："管理是一门不精确的科学。"这是有道理的。说管理是科学，是说管理中有规律可循；它是以反映客观规律的理论和方法为指导，有一套分析问题、解决问题的科学方法论。若无视这些规律，必将在实践中遭到客观规律的惩罚。说管理是不精确的，是说其内涵很难被精确地描述出来，它是常变的，是随着他变而变化的，也可以说是"悬权而动"的。这样的管理既需要科学的知识和技能，更需要有灵活运用知识和技能的技巧和诀窍，这就是管理的艺术性。管理中的"悬权而动"，就应该做到决策的科学性与艺术性的统一。

"悬权而动"关系到决策的效益。这在前面已经提及。其方法就是进行成本分析与预测。企业所有的决策都以选择为基础，一种资源的成本决定于其最佳用途的价值。企业为决策必须尽量详尽地占有信息，在情报的获取上不可惜钱，尽量提高权衡的准确性，使决策产生更大的时效。

"悬权而动"也关系到规避风险。凡是决策就有风险问题。要讲究预见性，讲求决策的艺术性。如分散投资可以减少风险，所以就不要把鸡蛋都放在一个篮子里。在不确定条件下进行决策，就要采用计算机模拟方法。用现代化的先进手段，可使许多简单的决策万无一失。然而实际上，所有重大的管理决策都是在不确定条件下做出的。企业经理必须在不完全了解事件的发生及其影响如何的情况下，从若干方案中选出一种行动方案来。决策是有风险的。但机不可失，失不再来。这样的权衡，这样的决策，不仅靠决策分析的方法手段，更要靠决策者的经验、眼光和魄力，靠领导者决策的艺术性。也正因为如此，注意从前人的智慧中汲取营养和启迪，就显得更加必要了。

（一）关于时间问题

战争如何制胜，基本要把握五个因素：彼方、我方、时间、空间、任务。时间因素是其中之一。在一定的作战条件下，可以说，作战双方，得时间者得天下，失时间者失天下。因为，时间的运用与把握，关系成败。

时间是重要的。时间是始终与人和事联系在一起的。从生存学说，时间是事物存在的基础，没有时间就没有事物。对人来说，没有时间就没有生命。时间是重要的，凡是成功者，都是惜时如金的人。

时间的存在是客观的，不以人们的意志为转移。时间具有独立的特性，时间的供给无弹性，既无增加，也无减少；时间无法蓄积，"时光如流水，一去不返"。时间是任何活动所不可缺少的基本资源，无法取代，也无法弥补，时间是任何成败的基本见证。

时间具有价值，一是表示事物的存在，任何事物都有时间标志。人因为有了时间才有了生命；商品因为有了时间才有了寿命期；文物因为有了时间的印记才显出其珍贵；山水因为有了时间的磨洗才成为大自然的奇观。时间具有普遍的价值。二是记录事物的成功，它存在于抗争的环境下。在抗争中，某方成功了，就是因为该方获得了制胜的时间条件。谁在时间上抢了先，谁就获得了先机之利，就有了制胜的主动权。所以，军事学中有所谓"兵贵神速"的话，有"兵贵胜，不贵久"之说，这就是时间在军事抗争中的价值。关键的时刻，关键的速度，决定着战争的胜败。

（二）关于"兵贵神速"

在军事抗争中，时间因素的价值，关系成败，其体现形式就是一个"快"字。"兵贵神速"，"兵贵胜，不贵久"的话，就是军队的行动要"快"，要"迅速"，争时间，争速度，争胜利。

"兵贵神速"，语出《孙子兵法·九地》，孙子说："兵之情主速，乘人之不及，由不虞之道，攻其所不戒也。""主速"，就是贵在神速。只有"兵贵神速"，才能实现"攻其不备"，以快制胜。《孙子兵法》在"作战篇"中也有强调作战贵在速胜："兵贵胜，不贵久。"主张"速胜"，反对拖延持久。而"久则钝兵挫锐"，"久则国用不足"等。这是说的"不速胜"的危害，所以实现目标要力争速胜。

打仗若采用快速作战的办法，如突然袭击，先发制人等，往往容易胜利，原因就是争得了制胜的时间。因此，情报的获取要既准又快，捕捉战机要速，主动出击贵速。争取了时间，就是争取了胜利。因此恩格斯说过：时间就是军队。

只有速战，速胜速决，把握时机，才能赢得胜利。拿破仑认为，兵家胜败决定于最后十五秒而已。恩格斯也说过，行动的迅速可以弥补军队的不足。俄国军事家苏沃洛夫认为，军队的迅速机动和闪电般地冲击是军事战争的真正灵魂。

(三)《三国演义》中"兵贵神速"的故事

曹操北征乌桓兵贵神速。《三国演义》中说，曹操采纳郭嘉的建议，乘胜追击，北征乌桓。但因道路崎岖，人马难行，操有回军之心，问计于郭嘉，郭嘉曰："兵贵神速。今千里袭人，辎重多而难以趋利，不如轻兵兼道以出，掩其不备，但须得识路径者为引导耳。"曹操求得向导官引路，密出卢龙塞，抛却辎重，轻骑而进，一举大获全胜。这是一个"兵贵神速"的成功案例。（第33回）

司马懿克日擒孟达。第94回说，魏新城太守孟达，得知诸葛亮出师北伐，欲反魏投蜀，并派心腹人与孔明联络。孔明回书，赞扬孟达"有忠义之心"，"但极宜谨密，不可轻易托人"，并说："近闻曹睿复诏司马懿起宛、洛之兵，若闻公举事，必先至矣。"孟达认为即使司马懿知道，须表奏魏主，往复一月间事，所以不以为然。孟达欲反之情被金城太守申仪的家人密报与司马懿。当时屯军于宛城的司马懿刚刚接到魏帝曹睿要他领兵伐蜀的命令，忽然听得孟达欲反的情报，怕耽误时间，省去了向魏王请示的程序，径自做主，一面立即派大军向新城火速进发，传令"一日要行两日之路，如迟立斩"；一面命下属携檄文轻骑星夜赶奔新城，"教孟达准备征进（伐蜀），使其不疑"。并故意制造司马懿大军已"离宛城，望长安去了"的假象。孟达果然中计，丝毫没有防备，几天之后，司马懿大军突然从天而降，用迅雷不及掩耳之势，平定了孟达的叛乱。孟达败在失密；司马懿赢在"兵贵神速"，为不失战机，宁可"先斩后奏"，犯魏主之忌而不惜。

（四）商争中也要讲"兵贵神速"

"兵贵神速"，提示我们作战要讲究实效，讲究速度，讲究效能，讲究对时间的利用与管理。这些原则对于企业生产、经营、管理也同样可以借鉴。

从流通环节，看速度关系实效。"兵贵神速"，在商战中同样具有价值。商战同样也有"时不我待"，"机不可失"的问题。特别是在生产流通环节。有经商求速的格言说："马不停留路自短，货不停留利自增"，"多压一月，黄金变铁；早销一天，利大无边"等。因此，企业在商战中，坚持"兵贵神速"原则，信息获取贵在速，项目评审贵在速，产品研发贵在速，产品投产贵在速，进入市场贵在速，速，则获取先机之利。在现代社会，"货不停留利自生"依然有效。人们关心物流，加速商品运转速度，已成为企业制胜的法宝之一。许多流通企业应运而生。如空运公司，快运公司等。

从管理环节，看效率与效能。自从美国泰勒于上世纪初提出"科学管理"以来，"效率"的概念已经家喻户晓，并逐渐成为鉴定管理好坏的价值尺度。在某些场合提高效率被当作追求的目标。从"动作顺序"，"时间利用"，"作业研究"，"工作设计"等，无不致力于提高效率。在可支配的资源（包括时间）有限的情况下，效率的提高足以减轻资源（包括时间）的浪费。以较少的"投入"获得较多的"产出"，则被视为富有效率。在管理决策上讲"效率"，强调的是做富有成效的管理，减少无效的劳动，减少资源（包含时间）的浪费，因此更强调的是"效能"。所谓"效能"，是指合适目标的设定，以及为完成目标所需的合适手段的选择。有效能的管理者，不但能够制定合适的目标，而且能够选择合适的手段以完成既定的任务。这就是兵法中所说的"兵贵胜"。只有"得胜"，实现目标，"兵贵神速"才有价值，有意义。

既要有速度，又要有质量，力争做得既好又快地实现目标；既要看眼前的实效，更要看长远的利益，不可因小而失大。在讲求时间的情况下，要处理好效率与效能的关系。两者互相依存、不可偏废。这并不是意味着效率与效能具有同样的重要性。管理者固然期望能同时发挥效率和效能，但在两者无法兼得时，管理者首先应着眼于效能，然后再设法提高效率。管理学家彼得·杜拉克曾斩钉截铁地说过："对企业不可缺少的是效能，而非效率。"

"兵贵神速"是有条件的，"兵贵胜"是目的，"兵贵速"是手段，是实现胜利的手段。须速则速，须稳则稳；"神速"不可绝对化，当条件不具备时，"欲速则不达"时，"速"就要体现在"积极准备，创造条件"，而不是单纯地急于冒进、盲动，不顾后果地蛮干。这时的忍耐、稳重，就是蓄势待发，为出奇速胜做好准备的。

（五）克服时间管理的误区

时间是重要的，管理要珍惜时间，惜时如金，争分夺秒。但是，在各种经济资源中，时间往往最不为一般管理者所理解。也许正因为如此，尤其在管理工作中，时间的浪费比其他资源的浪费更为普遍，也更为严重。

所谓时间的浪费，指对实现目标毫无贡献的时间消耗。探讨如何克服时间浪费，以便有效地完成既定目标，这就是"时间管理"。时间总是按着一定的速率光临，并且按照同一速率消失。所以，时间本身是无管理的。"时间管理"的真正含义，是对管理者自身的管理，是管理者面对时间问题而进行的自我管理。为减少时间的浪费，管理者要建立正确的时间观念，把握好现在的每一天，每一时，甚至每一分钟。在时间的有效运用上，管理者的敌人原来是管理者自己。管理者应该客观地衡量自己运用时间的方式，检讨自己时间的使用情况，养成节省时间的习惯，培养克服时间误区的技能。

时间管理专家指出，就一般管理者来说，最典型的时间浪费包括：（1）因欠缺计划；（2）因不好意思拒绝他人的托付；（3）因拖延；（4）因不速之客的干扰；（5）因电话的干扰；（6）因会议过多或过长；（7）因文件满桌；（8）因上下班交通及商务旅行；（9）因中餐；（10）因"事必躬亲"；（11）因与秘书之间欠缺协调；（12）由上司所导致的时间浪费等。

克服时间使用误区的技能很多，下面只介绍两点：

一是重视工作计划。工作没有计划，是时间浪费的误区之一。对策是：重视计划的拟定以避免徒劳无功。拟定计划大致包括：（1）确定目标；（2）探索完成目标的各种途径；（3）选定最佳的途径；（4）将最佳的途径转化为每周或每日的工作事项；（5）编排每周或每日的工作次序并加以执行；（6）定期检查目标的现实性和完成目标的最佳途径（措施）的可能性。这实际是采取行动之前的一种思考模式。

二是坚持 80/20 原则。管理中常说，没有重点就没有政策。80/20 原理，就是按事情的"重要程度"编排行事优先次序的准则。这是建立在"重要的少数与琐碎的多数"原理的基础上。这个原理是 20 世纪初意大利经济学家维弗烈度·柏瑞图提出的。这个原理经过演化转化为管理学界所熟悉的 80/20 原理——即 80% 的价值来自 20% 的因子，其余的 20% 的价值来自 80% 的因子。比如，80% 的销售额是源自 20% 的顾客。80/20 原理对管理者使用时间的一个重要启示是：避免将时间花费在琐碎的多数问题上，应该将时间花在重要的少数问题上。因为解决了重要的少数问题，你只花了 20% 的时间，却可取得 80% 的成效。因此工作的优先次序以 80/20 法则（也称柏瑞图法则）来确定。把最重要的工作优先安排，处理，这是执行计划的关键。完成了最重要的工作，其实只占用了你 20% 的时间。

六 水淹七军与空间取胜

用奇要把握好时间条件，也要把握好空间条件。任何事物既离不开时间，也离不开空间。时间与空间，是事物存在与发展的基本条件。以战争为例，《三国演义》中发生了许多战争，任何一场战争，都被时间和空间这两个维度所界定。如赤壁之战，时间是公元 208 年，地点是赤壁。上题讨论了时间这个维度，本题讨论空间这个维度。

（一）关于空间、地利问题

空间指地域、地区、地理、地段以及与之相关的地形、地貌、自然气候等。《孙子兵法·地形篇》说："夫地形者，兵之助也。料敌制胜，计险厄远近，上将之道也。知此而用战者必胜，不知此而用战者必败。"说明地形条件的重要，能否利用地利，关系战争的成败。《孙子兵法》讲到制胜条件时，多处都谈到了关于地利的问题。如"计"篇中的"天地孰得"；"九地"篇中讲了"散地"、"交地"、"衢地"、"死地"等各种地域的用兵原则；"九变"篇中的"圮（pi 地震坍塌）地无舍（不要宿营）"、"衢地交合（四通八达之地要结交诸侯）"、"绝地无留"（难于生存之地不要停留）等。说明地理条件是一个十分重要的因素。诸葛亮在兵书《将苑》中也说："夫地势者，兵之助也，不知战地而求胜，未之有也。"

（二）《三国演义》中因地利而胜的战例

关羽水淹七军。《三国演义》第 74 回，关羽与魏将于禁、庞德战于樊城。庞德曾用箭射伤了关羽，于禁恐庞德成功，移七军转过山口，离樊城北十里，依山下寨。关羽从向导官处得知此地叫罾（zeng）口川，为地势低洼之地。见襄江水势正急，关羽曰："'鱼'入'罾口'，岂能久乎？"时值八月秋天，骤雨数日。关公令人预备船筏，收拾水具。关平问曰："陆地相持，何用水具？"关公曰："于禁七军不屯于广易之地，而聚于罾口川险隘之处，方今秋雨连绵，襄江之水，必然泛涨；吾已差人堰住各处水口，待水发时，乘高就船，放水一淹，樊城、罾口川之兵皆为鱼鳖矣。"关平拜服。计议方定，是夜风雨大作，四面八方，大水骤至。关羽及众将皆乘大船而来。于禁、庞德皆被活擒，魏军大败。

诸葛亮为何选择出祁山？建兴八年秋七月，司马懿入寇西蜀。因大雨连降三十日，魏军马无草料，死者无数。司马懿只得退兵还朝。众将要求乘势追之，孔明却不准追击魏兵，为何？孔明曰："司马懿善能用兵，今军退必有埋伏。吾若追之，正中其计。不如纵他远去，吾却分兵迤出斜谷而取祁山，使魏人不提防也。"众将曰："取长安之地，别有路途，丞相只取祁山，何也？"孔明曰："祁山乃长安之首也：陇西诸郡，倘有兵来，必经由此地；更兼前临渭滨，后靠斜谷，左出右入，可以伏兵，乃用武之地。吾故欲先取此，得地利也。"后来在北伐中，斩魏将王双、乱箭射死张郃、汉兵劫寨破曹真以及上方谷司马受困等，皆是诸葛亮利用地利战胜魏军的例证。

在《三国演义》的战例中，在敌强我弱的形势下，以弱胜强，多处讲到了偷袭，打埋伏，利用地利，出奇而得胜。

诸葛亮初出茅庐第一次用兵火烧博望坡时，就是用的依地设伏："博望之左有山，名曰豫山；右有林，名曰安林，可以埋伏军马。"结果以三千多人的刘备军，打败了夏侯惇的十万大军。（第39回）

毛泽东在井冈山率领红军与国民党白军周旋，就是采用《三国演义》中的偷袭和伏击战法，坚持游击战术，巩固了红色政权。以少胜多、以弱胜强的战法奏效，一个重要条件，就是利用根据地的地利与民情。

空间是战争的"舞台"。从古到今，随着战争的发展，这座"舞台"也在不断地扩大。从平原旷野扩大到山陵沮泽，从地面、水面扩大到空中、水下。但孙子揭示的"地形者，兵之助也。"仍是科学的真理。现代战争，特别是未来的信息化战争，地形对作战的制约大大地减少了。"一夫当关，万夫莫开"已经成为远去的历史。但是，由于广泛使用卫星定位、遥感技术等侦察手段，全面地认知战场地域，于是又在一个新的起点上使地形因素在信息化战争中的地位和作用得到提高。借鉴孙子的思想，做到"知天"、"知地"，仍有现实的意义。

（三）重视地利，因地制宜——在商战中的应用

举个跨国公司"因地制宜"而发展的事例。

壳牌公司的三道防线。壳牌公司是世界上最大的能源公司。其分公司遍布100多个国家。1990年壳牌公司总收入为1 070亿美元，居世界第二。作为一个跨国经营的石油公司，面临各种风险。为此，公司设立了三条防线：

第一是地理分散。它的经营网络最广泛。它在50多个国家勘探石油和天然气，在34个国家提炼石油，向100多个国家销售石油。这种"地理分散"，可避免因某地的政治和经济动乱，对公司产生致命的影响。第二是产品多元化。除了石油外，还经营煤气、化工和有色金属，分散了某种产品的市场风险。第三是快速反应。公司密切注视世界各地的政治、经济形势变化，公司上下保持一种"危机意识"。经常演习"中断供应"的各种"意外"，增强对不测事件的应对、反应能力。从而保持了较高的利润水平。

眼睛紧盯住国外的荷兰飞利浦公司。飞利浦公司由哈罗德·飞利浦创办

的电灯公司起家。1912 年正式命名为飞利浦电灯制造公司。目前已经扩展为有几千种产品的巨大的跨国公司。他们的经验是："正因为荷兰是一个小国，所以一开始就把眼睛盯住国外。"这个传统坚持了近百年。当各国限制进口，飞利浦则在国外投资建厂；当欧洲经济共同体成立，飞利浦抓住机会，在其他成员国实现生产、科研和销售一体化，成了无国界的世界公司；20 世纪 60 年代，兼并了美国固本电子公司，澳大利亚电子工业公司。此后进军日本市场，依靠科技先进，进行战略扩张等。因为国小则眼睛盯着国外；根据国外的政策的变化而变化战略，所以趁势获得发展。

七 邓艾渡阴平与奇正相生

用奇，表现在战术上的灵活指挥，辩证地处理若干对矛盾，如奇正、迂直、分合、攻守、虚实等。本题讨论奇正问题，讨论战术中的奇与正的关系问题。

（一）何为"奇正"

何为奇正，古人说法不一。大致有如下看法：一般之战为正，特殊之战为奇；列阵合战为正，偏师旁出为奇；正面当敌为正，侧翼袭出为奇；公开宣战为正，突然袭击为奇；实动为正，佯攻为奇如此等等。总而言之，奇正，主要说明用兵布阵的战术战法的变化，以常法为正，变法为奇。《孙子兵法》说："凡战者，以正合，以奇胜。"出其不意而胜敌。

老子最早提出："以正治国，以奇用兵。"（《老子》第 57 章）但是，把

"奇正"引入军事，并加以系统阐发的却是孙子。

孙子的奇正理论，主要包括三方面的内容：（1）奇正是普遍存在的作战方式。孙子说："战势不过奇正"。（2）奇正是发展变化的。"善出奇者，无穷如天地，不竭如江河。""奇正之变，不可胜穷也。"（3）奇正是互相转化的。孙子说："奇正相生，如循环之无端。"（《孙子兵法·势篇》）战国时期的《孙膑兵法》专有一章讨论"奇正"，他说："静为动奇，佚为劳奇，饱为饥奇，治为乱奇，众为寡奇。"就是说奇正本身就是互相转化的；又说："天地之理，至则反，盈则败。"物极必反是规律，所以，在一定条件下，动极则静，劳极则佚，饥极则饱，乱极则治，矛盾的双方发生了转化。

在战场上，奇正的运用是灵活机变的。孙子主张："善战者，胜于易胜者也。"（《孙子兵法·形篇》）战术上实行奇正变化，目的是为了"攻其无备，出其不意"。在兵法上讲究用计，出奇兵，就是"兵者，诡道"的运用。

（二）邓士载偷渡阴平

《三国演义》第117回，魏将钟会和邓艾伐蜀，占领了汉中，在剑阁关前与姜维对阵。邓艾对钟会说："可引一军从阴平小路出汉中德阳亭，用奇兵迳取成都，姜维必撤兵来救，将军乘虚就取剑关，可获全功。"钟会口头同意，心想"阴平小路，皆高山峻岭，若蜀以百余人守其险要，断其归路，则邓艾之兵皆饿死矣"。实际上，钟会在剑阁关受到姜维的凭险抵抗，不能推进；而邓艾则克服千辛万苦，逢山开路，奔驰700余里，皆无人之地，最后冒死翻过摩天岭，奔袭夺下江油城。进而攻下涪关，占领了成都，蜀国灭亡。在魏灭蜀战争中，邓艾选取阴平险道，攻其不御，出奇制胜。

钟会、邓艾夺剑阁，是"以正合，以奇胜"；在战术上是正与奇并用，以奇取胜的案例；在目标的选择上也是避实击虚的胜利；在道路的选择上是以迂为直，迂回取胜的案例。分合，奇正，迂直，虚实等矛盾的辩证运用，关键在于用智，巧思成事。奇正的灵活应变，关键在于巧思。巧思出智慧，应变出奇迹。

（三）商争中的奇正

借鉴古人的智慧，我们思考商争中的奇正问题，思辨问题，出奇出新问题。

兵战中的奇正，是以争胜为目的的，必然含有敌对双方的诡诈变异而出奇用巧，这在企业商争中，是不可套用的；我们可以吸取的是奇思巧变，在遵守法律与道德前提下的出奇，争市场，争顾客，争先机之利，争市场竞争中的主动权。

在商战中的"奇"往往是与"创新"、"创造"联系在一起的。企业要图强图发展，也要学会权变，以新取胜，以快取胜，以得人心而取胜。因此创新的产品，创新的思路，创新的招数，层出不穷。

思路出新。有这样一个故事：两位钓鱼高手一起到鱼塘钓鱼，其中一位性格开朗，热心肠；一位性格孤僻，好静。旁边有一群人也来钓鱼，但缺乏钓鱼的技巧，钓不到鱼。那位好静的人对他们不予理睬。那位热心的人却来帮助这些想学钓鱼的人。后者与学钓鱼的人约定，我教你们，你们若钓鱼有得，请把你们所钓得的每十尾鱼分给我一尾，不到十尾者免。双方同意。这个热心人，教完这群人，就用同样的约定教另一群人。结果一天下来，所得多多，远远超过那位只自己钓鱼的好静者。

开发新产品出新。这样的例子比比皆是。为说明思维的智慧，举一个相传已久的故事以作分析。20世纪40年代，有一位德国工人生产书写用纸时，因为调错了化学配方，生产出了不能用于书写的废纸，该工人十分沮丧。有一位朋友劝解他："请换一个角度看问题，也许能从错误中汲取某些有用的东西。"该工人大受启发，发现该批纸张虽不能写字，但却有良好的吸水功能，可以很快吸干手稿墨迹和家具上的水分。于是他从老板那里买回了所有废纸，再切成小块，进行包装，并特意起了一个名字叫"吸水纸"。这种歪打正着的"吸水纸"，投放市场后，很受欢迎。该工人申请了"吸水纸"专利，大量生产出售，效益可观，发了财。

广告出奇。广告是一种重要的促销手段。通过媒体把商品信息传递到目标对象，广而告之，已经成为一个重要的销售策略。每则广告是需要精心设计的。下面我们举一个广告出奇的例子。这就是台湾九龙大厦的"样品屋"先看后买的广告。一般房屋买主在订购房屋时，往往先看到的是建筑公司的说明书印刷品，因无法获得真实感而犹豫不决。建造商华美公司针对这种心理，始创了台湾地区的第一座"样品屋"。台湾九龙大厦，就是在工地旁盖了一座"样品屋"，其间隔大小，建材品质和格局，都与落成后的房屋一模一样。这是一种出新的做法，先看样品，再买房子。"样品屋"的广告方式引起了轰动，吸引了买主接踵而来。

不仅如此，其广告还起到建立企业权威性的作用。当大厦快要发售时，刊出的第一则报纸广告：大标题是"又要开会了!"配合的会议室照片说明："为了最近公开发售的新厦，不知已经开过多少次会议，对于顾客的任何微小问题，都拿来当大问题……我们都是以最慎重的态度来进行。"紧接着第二天刊出第二则广告：大标题是"精心出细货"。图片说明"这一座新厦，在99位专业人员历经240天的精心设计，将在最近与大家见面了!"以后几天是公开"样品屋"，张贴"欢迎莅临工地参观样品屋"的广告。广告说明大厦的九项特点等。其中"代办租赁服务"和"永久性的大厦管理"备受关注。从广告中，使顾客对这家建筑公司产生了信心。出新的广告设计，为企业赢得了新的信任与效益。

至于服务出奇，销售出奇，价格出奇等，都是奇正思维在企业营销中的妙用。20世纪80年代，美国一家玩具公司叫"孩儿室"，生产出了"变形金刚"的玩具，深得孩子们的喜爱。"孩儿室"的老板看中了具有3亿儿童的中国市场，于是将自己拍的关于"变形金刚"的动画片无偿地送给上海、北京、广州等电视台，这些"变形金刚"在电视台的每晚六点半播出，孩子们看得着了迷。一段时间后，"孩儿室"决定让屏幕上的"变形金刚"走入市场，孩子及家长纷纷掏钱购买。这种"以迂为直"的销售创新，也是奇正思维的妙用。

八 刘备招亲与虚实之策

本题讨论"虚实"这对矛盾。

（一）关于"虚实"

"虚实"同"奇正"、"迂直"一样，都是灵活作战的方法。作战中，实行用兵奇正的变化，目的是"攻其无备，出其不意"，就要用"虚实"之法相辅助，把握对方兵力部署的虚实，是为了争取战场上的主动权。

"虚实"，顾名思义，说的是力量的虚与实，是力量对比的一个相对概念。在军事上，虚实也指双方态势上的优劣。一般来说，无者为虚，有者为实；薄者为虚，坚者为实；劣处为虚，优处为实。

判断对方兵力部署的虚实，是在攻击目标选择上争取主动的策略。

对自己而言，有虚也有实。强项、优势是实，弱项、劣势是虚。因此要扬己之实，补己之虚，努力将己之虚转化为实。

"虚实"在作战运用中，还可以这样理解："虚"，虚假；"实"，真实。作战者常常把自己的真实意图掩饰起来，示人以假、弱、虚，蒙蔽欺骗对方，使其误判上当，而以自己的强势突然出现，战胜对方。

上面从字面上来理解"虚实"的含义。在《孙子兵法》中，专设一章"虚实"进行研究，主要是讨论战争中的被动与主动的问题。

孙子在"虚实篇"中提出了六个方面的能争得主动的虚实问题：（1）力争先机，夺占要地，"先处战地而待敌者佚（实），后处战地而趋战者劳（虚）"。目标是"善战者，致人而不致于人。"（2）攻其不守，"攻而必取者，攻其所不守也"。这就是"击虚"必胜。"进而不可御者，冲其虚也。""我欲战，敌不得不与我战者，攻其所必救也。"攻其必救，调动敌人，使其出现为我所乘的虚。（3）集中兵力，我专敌分，以众击寡，实而胜之。这是兵力的隐蔽与调动的虚实问题。"故形人而我无形，则我专而敌分"。"形人"，即使敌人暴露；"我无形"，即我不露一点行迹。（4）知战之地，知战之日，把握侦察情报，有备而胜。这是战争信息情报方面的虚实问题。

用奇篇 运用之妙，存乎一心

知者有备而实，不知者无备而虚。孙子并提出佯动等获知的方法。（5）"战胜不复"，"应形无穷"，战法变化，争取主动。（6）避实击虚，因敌制胜。这是"识虚实之势"的结论，是对用兵制胜规律的揭示。

孙子说："夫兵形象水，水之形，避高而趋下；兵之形，避实而击虚。"就是说，避实击虚是用兵的规律。又说："水因地而制流，兵因敌而制胜。故兵无常势，水无常形；能因敌变化而取胜者，谓之神。"避实击虚，要敌变我变，因敌制胜。唐太宗李世民说："朕观众兵书无出孙武；孙武十三篇无出《虚实》。夫用兵识虚实之势则无不胜焉。"（《唐太宗李卫公问对》）

虚实，一指力量，一指情势。有静态与动态之别。静态的虚实，可以通过"相敌"（战场观察）、"用间"以及侦察手段获知；动态的虚实，则存在于战争指挥员的头脑之中。而且是"虚虚实实，真真假假"，变化无穷。所以"避实击虚"，既要依据各种侦察的情报，更要观察敌人的变化，敌变我变，方能制胜。军事家克劳塞维茨曾经说过："对于统帅来说，正确而准确的眼力比诡计更为重要，更为有用。"（克劳塞维茨《战争论》，第1卷，第289页）孙子也说："能因敌变化而取胜者，谓之神。"这是掌握虚实对策的灵魂所在。

（二）从"刘备招亲"看虚实对策

现在我们用古代战例和《三国演义》中的战例解释上述道理。

著名的"围魏救赵"战例，是典型的"避实击虚"的成功战例，也是"奇正并用"、"以迂为直"的成功案例。曹操的"官渡之战"，就是避开正面强大的袁绍兵团，率兵突袭守备薄弱的屯粮之所乌巢，取得了以少胜多的胜利。（第30回）

《三国演义》第54回，"刘备招亲"的故事，也是虚实妙用的例子。荆州是战略要地，赤壁之战后，刘备占领了荆州。东吴几次索要，刘备和诸葛亮软托硬泡就是不还。周瑜为得荆州，用了一计：听说刘备之妻甘夫人去世，周瑜与孙权商议后，派人去荆州提亲，假意将孙权之妹孙尚香许配给刘备，并请刘备去东吴就婚。实欲把刘备作为人质扣留于东吴，逼刘还荆州。对周瑜意图作虚实而论，自然成亲是虚，是假；夺荆州是实，是真。刘备犹豫不决。诸葛亮自然识透周瑜之计，于是说服刘备，将计就计，派赵云带了三个锦囊妙计，护送刘备去东吴成亲。诸葛亮的计策是：假戏真唱，以实对虚,使周瑜弄假成真。诸葛亮首先看出孙权和周瑜当不了孙尚香的家这个"虚"。因为"孙权是孝子",必听母亲吴国太的。也分析了吴国太的"虚",就是其女儿的名声。所以诸葛亮带给赵云的第一个锦囊妙计,就是在南徐造势,扩大影响,弄假成真。赵云陪刘备到了南徐后,首先打开第一个锦囊,看了计策:派五百随行军士,俱披红挂彩,入南徐买办物件,造势传说玄德入赘东吴,城中人皆知晓;又请玄德牵羊担酒,在南徐拜见二乔之父乔国老,说吕范为媒,娶夫人之事;乔国老人见吴国太贺喜。造成既定事实。国太大惊,使人请吴侯孙权责问曰:"你招刘玄德为婿,如何瞒我?"并大骂周瑜曰:"将我女儿为名,使美人计,杀了刘备,我女便是望门寡,明日再怎的说亲? 须误了我女儿一世!"乔国老劝说:"刘皇叔乃当世豪杰,若招得这个女婿,也不辱了令妹。"于是才有了吴国太甘露寺看新郎,使周瑜的假戏成真。而刘备和诸葛亮却通过孙刘联姻,得到孙刘联盟抗击曹操的"实利"。这正是诸葛亮所期盼的。因此可以说,刘备招亲,是诸葛亮"化虚为实"的案例。

从上述故事说明,"虚实"不仅是军力对比的态势分析,更重要的是一种作战策略,是一种转换虚实、化害为利的思维智慧。为取胜对方,如实行"虚则实之"之策,即我实力处于下风,却故意装作强大,吓唬敌人,使之却步。实行"实则虚之"之策,即我实力强大,故意装作虚弱状,诱敌上钩使其败。实行"虚则虚之"之策,当我无力抗敌,却故作镇静,一反常规地把虚像暴露于敌人,使敌人以为我在施计,不敢妄进。如诸葛亮所布"空城计",瞒过司马懿,争取了撤退的时间。当然这是有条件的,就是有诸葛亮的镇定应变和司马懿知道诸葛亮的"平生谨慎"与"神机妙算"的威名。实行"实则实之",我方确有实力,以实力威慑,使对方不敢轻举妄动等。作战,兵不厌诈。在用兵态势上,就是要虚虚实实、真真假假,隐蔽自己,迷惑敌人,争取主动。

(三) 商争中的"虚实"

管理中、企业商争中,也有虚实问题。但其性质与兵战不同,即不能使诡,不能用诈。诡、诈只适用于敌对双方的军争之中。企业管理,对象是员工,企业商争,对象是竞争对手或合作伙伴,要讲信誉,要讲诚实。人们说:信誉无价。良好的信誉是无价的财富,是无形的实力。

从广义的思维角度来认识，"虚实"是一对矛盾，任何事物都是虚与实的对立统一。有虚必有实，有实必有虚。虚实相辅相成，相克相生。企业竞争归根结底是综合实力的竞争，实力占优势者易胜，占劣势者，易败。但优势与劣势并不是一成不变的，在各方的努力下，优与劣的态势是可以发生变化的。这里既有军事技术、人员素质、物资保证等硬实力的较量，又有指挥者的能力威望和智谋高下的较量。既有物质形态如产品结构、经济规模的硬实力，也有精神意识形态如企业文化、管理水平的软实力；既有团队的整体战斗力，又有组织者、指挥者的品格作风、谋略能力所构成的领导力。总之，综合实力是虚实相兼的统一体。

就企业经营管理决策而言，有避实击虚者，有避虚就实者，也有虚实兼顾者。

避实击虚。经营中的虚与实，如商品饱和量，顾客需求满足程度，对手的竞争力量，都有虚与实的问题。

对市场商品饱和程度，进行市场调查，避免造成积压产品，积压资金。

对顾客需求满足程度，也要进行调查研究。顾客需求基本满足了，企业就应该考虑改产其他产品为好。如果市场的需求依然旺盛，仍有需求空间，我方自然要根据行情，改进营销策略，进一步占领这个市场空间。

对竞争对手的力量虚实作调查，若市场需求量大，即使有实力强大的企业在占领市场，我实力虽小，但政策灵活，服务周全，依靠质量和信誉，也可占有稳定的客户群。这就是扬长避短，争取市场空间。如乡镇企业的炼油厂所产的汽油柴油，依然与国有企业炼油厂的汽油柴油同时并存；甚至因其政策灵活，就近销售，成本低，付现款，本企业的效益甚至比国有大企业还好。

避实击虚，在新产品开发，新市场开拓方面，用的十分广泛。这就是要着力寻找市场的空隙地带，关注消费者的潜在需求，发现潜在的市场机会，并努力地把握它。包括已见端倪的，和尚未见端倪的全新产品，在商品的品种上，或使用功能上，努力创新，抓住这种"虚"，就能获得先机之利。

避虚就实。在企业管理中，避虚就实，善于扬长补短。知道自己的优势，扬己之长；同时学习各家之长，以补己之短，提高自己的管理水平。在企业竞争中，不可盲目跟风，坚持有所选择，有所放弃，有所进，有所退的原则，保持清醒的头脑，做到"知可以战与不可以战者胜"。

在商争中的"避虚就实"，不仅表现在竞争，也可表现在有条件的合作。比如传说中的"瘸子与瞎子的故事"。一个瘸子，一个瞎子，在森林中相遇。瞎子说，我看不清路，怎么也摸不出去。瘸子说，我站立不起来，看来也无法走出森林。他们谈着谈着，生存的欲望使得瘸子突然顿悟高叫，我们出去的办法有了："你背我，我给你指路，我们合作就能走出森林。"这则故事，彼得·圣吉在《第五项修炼》中引用过。按彼得的说法，瞎子象征理性，瘸子象征直觉，两者融合得智慧。彼得所言自有道理。我们在此借用来说"虚实"，瞎子看不见路是短，是虚；但腿脚好是长，是实。瘸子腿不能走远路是短，是虚；但眼睛好，能看路是长，是实。两者为走出森林的同一个目标而合作，两"实"相合成为一个腿与眼健全的人。对每个人而言，都是"避虚就实"，"舍短用长"，合作取得的成功。我国的联想集团，最初开辟国外市场时，就是采用了"瞎子背瘸子"的智慧，借用国外企业的资源，建立了自己的销售网络。改革开放以来，许多国外的企业来到中国进行"本土化"经营，也是采取了"避虚就实"，"两短合一长"的策略。

虚实兼顾，化虚为实，借力求存。任何企业在发展中，自身实力的虚与实是客观存在的。但是，发挥人的智慧，借助外力，寻求资源，将虚转化为实，使企业得到发展。这方面最典型的例证，就是"借船出海"。这里的"海"指海外地区。改革开放初期，使我国企业的产品进入国际市场，是很不容易的。产品质量过硬，用途广泛，还可以做到，难在要有销售渠道。我国开发区的企业，就是采用"借船出海"的策略。如海尔冰箱打入日本市场，就是与德国企业合作，借用了德国海尔的品牌；海尔集团的冰箱首先在日本市场上做到"质量无挑剔"，为进入国际市场赢得了广泛的信誉。我国香港的制造业，在20世纪50年代开始，就靠走"借船出海"这条路，走向海外，奠定了现代化工业基础，80年代后，又向产品多元化方向迈进，成功地建立了出口导向型经济。有的企业力量不足，如资金不足，就采取了"借鸡生蛋"，化虚为实。我国深圳的赛格公司，1985年创业时，就是搞负债经营，借钱，借技术，借鸡生蛋，最后实现了企业增值发展。

　　将兵法中"虚实"的原理，应用于企业，就是一个绝妙地辩证思维问题。《三国演义》中许多奇谋妙策，都含有分辨"虚实"，变化"虚实"，避实击虚，因敌制胜的问题。"虚实"的理论，在兵书中的论述不能说不充分，但每个领军人物在实战应用中，却效果不同，甚至于天壤之别。问题的关键，正如岳飞论兵时所说："阵而后战，兵法之常；运用之妙，存乎一心。"（《宋史·岳飞传》）

　　唐太宗李世民说："孙武十三篇无出《虚实》。夫用兵识虚实之势则无不胜焉。"（《唐太宗李卫公问对》）因此，"识虚实之势"，用虚实变化之术，关键也在于"运用之妙，存乎一心"。换成孙子的话说，就是"能因敌变化而取胜者，谓之神"，是一个思辨奇妙、巧能成事的问题。

　　前面我们已经提到过《三国演义》中"诸葛亮三气周瑜"的故事。周瑜也是历史上有名的智谋之才。小说中为突出诸葛亮而贬周瑜为"气量狭小"之说，不见得合乎事实；但在争夺荆州问题上，二人斗智斗勇，各为其主，结果诸葛胜，周瑜败，确是事实。现在从虚实原理的运用上，将"三气周瑜"再作一些分析。周瑜在赤壁之战中是立了大功的名将，正如宋代苏轼在《念奴娇·赤壁怀古》中所赞扬的："遥想公瑾当年，小乔初嫁了，雄姿英发。羽扇纶巾，谈笑间，樯橹灰飞烟灭"，是一代千古风流人物。周瑜是难得的奇才。诸葛亮更是奇才，在争夺荆州问题上，诸葛亮将计就计，三次破了周瑜的计谋，演出了"三气周瑜"的话剧：一气是与曹仁争夺南郡，周瑜中毒箭负伤，诸葛亮却在周曹激战之时，乘虚智取了南郡，使周瑜"一场辛苦为谁忙！"。二气是周瑜设计"刘备招亲"，以窃取荆州；诸葛亮以实对虚，将计就计，使周瑜"赔了夫人又折兵"。三气是周瑜欲"假途灭虢"暗取荆州，诸葛亮则虚应实拒，气得周瑜无奈惊呼："既生瑜，何生亮"，气绝身亡。同样都在虚虚实实设谋用计，周瑜用"以虚就实"、"以假乱真"之计，但是却被诸葛亮将计就计——破解。真是天外有天，山外有山，英雄气短，智谋无边。这是"运用之妙，存乎一心"的佐证。战胜之道，既在书中，又在书外。情况是变的，只有依据情况，虚实变换，应变自如，才能稳操胜券。

（一）管理决策也要讲"运用之妙"

上面说的是军争中虚实应变的事。虚实应变，取决于精明的头脑与睿智的眼光。下面联系管理、商事说些"运用之妙，存乎一心"问题。列举几个企业管理决策中的矛盾关系。

◆做大与做小的关系。人们一般认为企业做大比做小要好。祝愿小企业，愿它发展大起来，强起来。但是，大也有大的难处，开销大，负担重。问题在于是否合乎自己的实际。"运用之妙，存乎一心"，用于管理决策，就要依据实际，能大则大，该小则小。船大装货多，效率高，有优势；船小好调头，行动自由成本低，也有好处。中国义乌是做小商品买卖的城市，如做纽扣生意等。纽扣是小生意，利润微薄，但市场广大，小中有大，义乌仅做纽扣生意却能赚利上亿元。

◆定价的高与低的问题。人们一般认为，同样的货，低价的比高价的容易销售。但是，事实上却有企业因"高档销售"而受益。商品本身并没有实质性变化，但是改变了销售的环境：商店装潢变新，服务热情周到，环境优雅，从而大大地提高了商品的价格档次，这样一来，不少人却愿意到这里来消费。这是顾客的心理价格使然。企业的决策者，即看到了商品的自身价值，更关照了顾客群体的心理价值，这也属于虚实变换的"运用之妙"。

◆用人以长与用人以短的问题。用人自然要用人以长，无疑是正确的。但在特殊环境下，人的短也可以变成长。美国柯达公司生产照相感光材料，需要工人在没有光线的暗室里操作。培养有这方面技能的工人很花时间，也很费钱。但是，经过妙想，可否用盲人来进行这项工作，他们不需要用很多时间去熟悉环境，只需稍作技术培训即可。盲人精神专注，心细，动作轻巧。经过培训，柯达公司就大胆地起用盲人来做感光材料的制作工作，效果也很好。

◆无用与有用的思考。有一个铁路拐弯处广告墙的故事。在某铁路的拐弯处，有一简陋的平房闲置着。因铁路噪音大，无人住。有位年轻人乘车路过此地，在火车弯道减速时，车上的人不约而同地看见了这座平房。年轻人怦然心动，在回程中，特意下车找到这座平房。房屋主人有心将此房出售，哪怕给价低也行，但一直没有遇到买主。这个年轻人用三万美元买下了这座平房。他是这样考虑的：火车经过这拐弯处必然减速，利用这个房子做广告是再好也没有了。回城后，他与多家公司联系，推荐这个绝好的广告场所。可口可乐公司向该年轻人租下了这座平房，租期三年，租金十八万美元，并把它改造成一面大的广告墙，宣传效果极好。人们说：瓦匠手里无废砖，木匠手底无废料。物尽其用，在于用物人的眼力和见识。

（二）关于"运用之妙，存乎一心"的思考

"运用之妙，存乎一心"，道出了一个真理：事在人为。说的是人的主观能动性问题。运用于管理，也是管理艺术问题。

毛泽东在《论持久战》中，分析抗日战争的形势指出：战争力量的优势和劣势是军队主动或被动的客观基础。但是"主观指导的正确与否，影响到优势劣势和主动被动的变化，见于强大之军打败仗，弱小之军打胜仗的历史事实而益信。"又说："古人所谓'运用之妙，存乎一心'，这个'妙'，我们叫灵活性。""灵活，是聪明的指挥员，基于客观情况，审时度势（这个势，包括敌势、我势、地势等项）而采取及时的和恰当的处置方法的一种才能，即是所谓'运用之妙'。"（《毛泽东选集》，2版，第2卷，492页，1991）由此可见，"运用之妙"应是领导者必备的审时度势、灵活用兵的指挥才能，也是领导者必备的领导艺术，在军争中是如此，在企业管理中也是如此。

毛泽东的《论持久战》，既是正确的战略方针，又是实践证明的"运用之妙，存乎一心"的成功杰作。上述引文中，讲到了"运用之妙"，就是"灵活"，"巧妙"，"采取及时的和恰当的处置方法"。"存乎一心"的含义，毛泽东似乎不需做具体解释。古人云："心之官则思"，心就是指思想，也就是看问题的立场、观点、方法，思想指挥行动。但他在"能动性在战争中"一节中说："自觉的能动性是人类的特点"，"我们必须发挥这种自觉的能动性"。"存乎一心"，也可以扩展理解为：这一切存在于人的主观能动性之中。能动性的核心就是正确的思维方法，用辩证思维方法分析战争，从而"掌握战争的指导规律"，学会"战争大海中的游泳术"，避免思想上的片面性与绝对化。所以毛泽东指出："战术、战役和战略计划各依其范围和情况而确定而改变，是战争指挥的重要环节，也即是战争灵活性的具体的实施，也即是实际的运用之妙。"并要求各级指挥员"对此应当加以注意"。通观毛泽东所作出的《论持久战》的决策，对实际情况及其对策的分析，充满了唯物辩证法。比如：战争和政治；防御中的进攻，持久中的速决，内线中的外线；主动性、灵活性、计划性；能动性在战争中；兵民是胜利之本等等。因此，将"运用之妙，存乎一心"运用到企业经营与管理中，就是要坚持唯物辩证法的科学思维方法，掌握企业经营管理的规律，提高管理的科学性和艺术性。这也是我们学习《三国演义》，借鉴古人管理智慧的目的所在。

后记

　　《三国演义》是我所喜爱的古典小说，以前曾多次读过。这次重读，是怀着写作的愿望，带着探求管理问题，尤其是从领导学、人才学方面的管理问题，重新学习、阅读，的确又有许多新的体会。主要感想有三点：一是"识势"。有说"识时务者方为俊杰"，作为一个意识清醒的管理者，必须善于认识与把握时代发展的大势，从时代的需要出发去思考与规划自己的目标与行动。二是"悟道"。成功的管理者，都是顺应时代潮流，推动社会进步的勇士，有承担时代责任的自觉和不达目的永不休止的精神，因此更要"悟道"，悟企业经营管理之道，悟做事做人之道，自觉地按照客观规律办事。三是"善谋"。创事业搞管理，提倡"巧能成事"，不仅要实干，更要善于用谋与借力，实现自己的目标。因此，作为管理者，要善于把握机遇，要能谋善断，要德才兼备，以出众的智慧和高尚的品格，率领团队前进。百年三国所涌现的英雄豪杰，他们的成败兴衰，在识势、悟道与用谋等方面，对我们都有重要的启迪。尽管他们带着不可抹去的封建社会的时代烙印，但他们终归为推动中国社会的统一和进步，在治国安民、律己修身、遗爱后人等方面，以血的代价，为后人换来了珍贵的启示。也正因为如此，我认为，三国时代的英雄人物，是值得尊敬和赞佩的。读《三国》并不单纯为"厮杀"，"拼搏"，更为了在风雨过后，如诸葛亮那样"留有遗爱在民间"，建设和平美好的新生活。

《品三国 学管理》，参考了杨先举先生的《三国管理学》框架，杨先举先生的《三国管理学》畅销国内外，受到读者好评。把《三国演义》思想借鉴到管理中来，进行古为今用的探讨与嫁接应用，是我们的历史责任，但毕竟不是一件简单的事。本书借鉴了《三国管理学》的基本思路，突出了领导学、人才学、战略学方面的内容，并听取了杨先举先生对初稿的修改意见。

在写作过程中，我反复研读《三国演义》原著，同时也学习了很多参考书，主要有《老子》、《论语》、《韩非子》等先秦诸子的典籍；有《史记》、《三国志》、《资治通鉴》等有关汉、晋、三国的史书；有《孙子兵法》、《孙膑兵法》、《诸葛亮集》等有关兵书；也涉猎了《品三国》、《品曹操》等有关研究品评三国方面的著作；有《国富论》、《管理经济学》、《哈佛人才管理学》等有关经济学、管理学的书等。围绕古为今用的目标，重点关注有关诸子思想与管理嫁接应用方面的书，如杨先举先生的《兵法经营十谋》、《老子管理学》、《孔子管理学》、《孙子管理学》、《三国管理学》、《向韩非子学管理》等，以及我与人合著的《兵法经营概论》、中国孙子兵法研究会的论文集、《名家论孙子》等。同时浏览了网上、报刊上发表的相关案例，从中汲取灵感与营养。学然后而知不足，深感受益颇丰，在此对这些著作的作者表示衷心的感谢。

本书是学习古代管理思想和古为今用的一次尝试。感谢杨先举先生的具体指导和无私关怀，其学识，其精神，都使我难忘，使我感动。可以说，本书也是我们友谊的记录。

由衷地感谢东北财经大学出版社的信任与支持、孙平等编辑的帮助。

张学信
2010 年 8 月于北京